解密蔣經國

陳守雲　著

西江月
——賀《解密蔣經國》臺北重印

宋連庠[*]

　　年逾古稀屬龍的陳守雲兄，經過五個春秋的辛勤筆耕，於己丑二○○九年春，編著面世的十五萬言的紀實史作《寶島春夢·解密蔣經國》，因文美圖茂、翔實有據、深孚眾望，此書深得讀者之青睞。辛卯新春良辰，喜聞《解密蔣經國》一書，為紀念辛亥革命一百周年，將在臺北新版精印，爰賦小令以賀：

　　　　經國人生解密，守雲史海飛舟。
　　　　青燈黃卷寫春秋，膾炙九州人口。
　　　　貴在求真覓趣，善哉集腋成裘。
　　　　同心勠力壯金甌，笑飲團圞美酒！

辛卯春於麗波花園

---

[*]　作者係上海市作家協會會員，又八十三高齡的文壇藝圈知名人士，其父宋大章先生為同盟會會員、孫中山大元帥府諮議。

自序

2008年1月13日是蔣經國先生逝世二十周年紀念日。

二十年前的同一天下午，鄧小平得知蔣經國逝世的消息，立即主持召開了中央政治局擴大會議，聽取了國台辦和對台工作小組的報告。他表示，中國的統一是一件世界大事。他還稱，若蔣經國還健在，「中國的統一就不會像現在這樣困難和複雜。國民黨和共產黨過去有過兩次合作，我不相信國共之間不會有第三次合作。可惜，蔣經國死得太早了！」

1988年2月10日，蔣經國故世後不足一個月，臺灣《中國時報》刊登了國際名人陳香梅女士給蔣方良的一封信，題為〈一生奉獻，萬里寄情〉。信一開頭便寫道：「自從經國總統辭世後，全球各界識與不識都同聲哀悼，國內國外的新聞界也不斷報導與分析經國先生的政績，他的崇功偉業，他的德望與奉獻將會永留人間……」

基於以上原因，我做了一個大膽的文學夢，搜集、整理、撰寫一點關於蔣經國日常生活中的趣事、密事、家常事，集腋成裘、掘珠成串，也許能讓讀者看到一個真實的蔣經國。

為了實現這一夢想，在一千八百多個日日夜夜裡，我跑圖書館、進檔案室；在史海中泛舟，在報紙雜誌的森林中尋覓；青燈黃卷，筆耕不輟……

著名作家唐人（嚴慶澍）先生曾出版《金陵春夢》、《草山殘夢》等著作，寫盡蔣介石、蔣經國父子的紅塵興衰、帳前幃後，但有不少虛構成份。我編著的《寶島春夢——解密蔣經

國》，僅以史實為主，不作評論。老年人讀了它可以見證歷史，青年人讀了它可以瞭解歷史，消除政治偏見。

本書由上篇「風雨歷程」與下篇「相關解密」及「附錄」三大部分組成，並配附三十餘幅珍貴資料圖片。

中國作協會員、上海作協理事、原《萌芽》雜誌主編曹陽先生為此事曾書贈題為〈老驥伏櫪，志在千里〉的條幅勉之，我當全力以赴去完成，並渴望方家不吝賜教。

「好風憑藉力，送我上青雲。」最後謹向對我進行幫助與點撥的朋友、老師、學者、教授特別是邵華、拾慧、陳曉光、張谷平、沈培良、姚承祥諸先生，以及出版社諸位領導與編輯致以深深的謝意！

陳守雲於滬上時習齋

2009年5月4日

目次

下篇：相關解密

附錄

上篇

風雨歷程

一、神秘來客

　　中國共產黨的十一屆三中全會之後，在以鄧小平為核心的第二代中央領導集體的主持下，一系列的對台政策相繼出臺，給臺灣國民黨當局以巨大衝擊。對此，國民黨主席蔣經國也感受到了，並在其生命歷程的最後十年裡一直關注著兩岸統一大業，使兩岸關係有了重大突破。

　　暖風頻吹，武力對抗在兩岸消失。十一屆三中全會召開之後，中國共產黨本著求同存異的精神，推動國共第三次合作。為了貫徹全會對台政策變化的新精神，全國人民代表大會常務委員會於1979年新年發表了〈告臺灣同胞書〉，第一次具體地提出了和平統一中國的設想：停止炮擊金門等島嶼以結束兩岸持續三十年的軍事對抗，兩岸通航、通郵和發展兩岸貿易，實現「三通」；對臺灣當局的唯一要求是去掉「中華民國」的旗子等。

　　1981年9月30日，中國共產黨為了推動祖國和平統一進程，由葉劍英委員長發表了關於臺灣的重要講話，即著名的「葉九條」。他真摯地表示：「我們希望國民黨當局堅持一個中國，反對『兩個中國』的立場，以民族大義為重，捐棄前嫌，讓我們攜起手來，共同完成統一中國的大業，實現振興中華的宏圖，為列祖列宗爭光，為子孫後代造福，在中華民族歷史上譜寫新的光輝篇章！」〈告臺灣同胞書〉和「葉九條」發表後，廣大臺灣同胞、海外僑胞對中國共產黨和中國政府採取和平手段解決臺灣問題的做法表示歡迎，要求臺灣當局順應歷

史潮流，對中共的和平舉動予以積極回應，結束兩岸軍事嚴重對抗狀態，走向統一。

面對中國共產黨和中國政府提出的和平統一方針，國民黨當局也悄悄更改了對大陸的方針。1981年3月29日至4月5日，國民黨召開了第十二次黨員代表大會，蔣經國主持大會通過了「三民主義統一中國案」，強調「建設臺灣與統一中國是不可分的。惟有建設臺灣，才能實現以三民主義統一中國；也惟有以三民主義統一中國，才能使臺灣永遠保持安定與進步」，並要求國民黨以「三分軍事，七分政治；三分敵前，七分敵後」和「以政治為前導，以軍事為後盾」等為最高指導原則。這次大會顯示國民黨已經放棄武力「反攻大陸，復興建國」的大陸政策，並針對中國共產黨和平統一祖國的方針，將其大陸政策調整為以「實現三民主義」的和平方式「統一中國」。

神秘來客，蔣經國原機要秘書

兩岸關係結束了三十年軍事對抗的局面，進入和平對峙時期。

神秘來客，蔣經國原機要秘書。為紀念辛亥革命七十周年，中國共產黨決定在1981年10月9日召開規模宏大的紀念大會。會議召開之前，時任中共中央總書記的胡耀邦發函邀請蔣經國、宋美齡、蔣緯國、何應欽、陳立夫、張學良以及其他臺灣各界人士參加紀念大會，請他們回大陸和家鄉看一看，並明確表示：「蔣經國等先生來大陸和故鄉遊覽時，願意談心當然好，暫時不想談也一樣歡迎。」

在應邀與會的人士中，有一位來自香港的新聞界人士沈誠最為顯眼。他當時雖是《新香港時報》的社長兼總編輯，但

卻很有台方背景。沈誠是蔣經國同鄉，曾在蔣經國抗戰時期苦心建立起來的青年軍中任師長，少將軍銜，在臺灣曾擔任蔣經國的機要秘書。退職後到香港辦了一家《新香港時報》，此次亦在應邀參加紀念辛亥革命紀念大會的嘉賓之列。但由於自己的特殊背景，沈誠對是否去大陸一度猶豫，後專程去臺灣，向蔣經國請示。蔣經國對沈誠此行「既不鼓勵也不禁止」，實際上是同意沈誠去北京，而且還囑託沈誠一定要代他去溪口老家看看，「最好能拍一些現場照片。」

沈誠到了北京後，受到了熱情接待，並被安排到溪口一遊，拍到了蔣介石故居和祖宗墳墓保護完好的大量照片。他在北京逗留期間，還受到了葉劍英委員長的接見。葉劍英同他探討了國共和談的可能性，並要他向蔣經國傳達中共的和談誠意。隨後，鄧穎超也接見了沈誠，探討國共和談問題。沈誠熟知蔣經國的態度，在回話中暗示「今天臺北的氣候，還不是談判時機。」

但鄧小平、陳雲等中共領導人卻在各種場合表達了舉行國共和談的願望。

在中共的誠意面前，蔣經國又一次默許沈誠成為其探聽大陸政策的「密使」。蔣經國的這位原機要秘書就這樣走到台前，在二十世紀八○年代前期往返於大陸、香港、臺灣三地，成為國共兩黨進行聯繫和溝通的一個重要管道。

此時的沈誠只肩負著瞭解大陸和對臺灣的政策和動態的使命。

從1986年開始，臺灣島內與國際上的一系列新的變化衝擊著國民黨「永不與中共談判」的政策。其一意孤行的反共、拒和政策越來越受到孤立。國民黨的獨裁統治也受到了來自各方的越來越多的批評。因此，蔣經國不得不改變政策，

開始考慮與中共接觸，沈誠也因此受蔣經國之命擬出了一個方案。

沈於1986年夏在臺北擬定「國是建言」呈交蔣經國，並在此基礎上形成「國是建議備忘錄」於當年八月交給中共方面。蔣經國默許的這份「備忘錄」的主要內容有：（1）分析兩岸兩黨對當前「國是」在觀點上的異同；（2）雙方對意識形態上的差距和相互執著；（3）經濟制度、社會結構的分歧；（4）如何在「國家至上、民族第一」的大目標下，共同為和平共存、國家統一而努力奮鬥；（5）國家一定統一，手段必須和平；（6）實行國共兩黨第三次合作。沈誠的「備忘錄」一經提出，立即得到中共高層領導的高度重視。

1987年3月，中共中央在對「國是建議備忘錄」進行充分商議的基礎上，邀請沈誠到北京晤談。赴京前，沈誠又一次去臺灣向蔣經國請示。蔣經國表示：「目前階段暫時還只能採取『官民有別』政策，對純粹民間之接觸、交流，政府新的『三不政策』是『不鼓勵』、『不支持』、『不壓制』。」這一積極表示實際上已經改變了原先僵硬的「三不政策」。

3月14日，楊尚昆接見沈誠。在這次會談中，沈誠要求中共方面拿出國共第三次合作的腹案，以便他向蔣經國「請示機宜」。楊尚昆提出中共中央關於談判的基本原則是：「第一、雙方談判主體：中國共產黨對中國國民黨。因為今天以兩個政府來談，諸多不便，可能產生不對等的現象，你們可能有困難。而黨對黨談起來就靈活多了。所以我們還特別說明，黨對黨中還加以強調：（1）中央層次；（2）對等地位。這兩點，以示對你黨的尊重。」「第二，談判主題：先談合作，後談統一，我們的目的是希望兩岸人民能由互相交流而團結起

來，而各取所長，共同合作，如利用臺灣財源、科技、智慧等來配合大陸資源、人力、市場，共同振興實業，發展國家經濟，慢慢再求政治上達成國家統一。」

沈誠對楊尚昆提出的和談原則很滿意，當晚便通過香港將這次談話的內容報告給蔣經國。兩天後臺北傳來消息：蔣經國同意「兩黨對等談判，中央層次」的模式。

箭已上弦，中共高層發給蔣經國一封密信。儘管蔣經國同意兩黨談判，但他對中國共產黨仍抱有極強的戒心，蔣經國曾在接受記者採訪時說：「過去我們曾與中共有過多次和談，得到了慘重的教訓，所以1949年以後絕不再與中共和談。」國民黨拒絕和平統一談判的關鍵因素還在於他們普遍持有的一種觀念：大陸大，臺灣小，國際社會不承認臺灣當局，中共主導談判，談判的結果將是臺灣被中共統一掉。因此，蔣經國及國民黨內不少人都對第三次國共合作持懷疑態度，在答覆同意兩黨談判的同時表示「在技術上還希望有個具體表達」。沈誠立即將此消息轉達給中共中央領導人。

幾天後，鄧小平親自接見沈誠，在談話中對蔣經國希望的技術上的「具體表達」作了完整的闡述，那就是「實行一國兩制，完成祖國統一大業問題」。鄧小平明確指出：「由於歷史原因，臺灣、香港、澳門一直沒有回到祖國的懷抱中來。實現祖國統一，本著從實際出發，尊重歷史事實，我們出了一個恰當的、雙方都能接受的解決辦法，就是採取一個國家，兩種制度。所謂一國兩制就是在祖國統一後，臺灣、香港、澳門可以實行同大陸不同的制度，他們可以搞資本主義，大陸搞社會主義，但是國家是一個統一的中華人民共和國。」對鄧小平的回答，沈誠十分感動，立即把消息回饋給臺灣。

3月25日，中共中央領導人經研究決定，以楊尚昆的名義致函蔣經國，邀請國民黨派代表到北京參加兩黨談判。密函內容如下：

經國先生大鑒：

近聞先生身體健康，不勝欣慰！

沈君數次來訪，道及先生於國家統一之設想，昆等印象良深。祖國統一，民族振興，誠我中華民族之崇高願望，亦歷史賦予國共兩黨之神聖使命，對此，我黨主張通過兩黨平等談判而謀其實現。今自沈君得悉先生高瞻遠矚，吾人深為讚歎！惟願能早日付諸實施，使統一大業能在你我這一代人手中完成。

為早日實現雙方領導人的直接談判計，昆謹代表中共中央邀請貴黨派出負責代表進行初步協商。望早日決斷，書不盡意，臨穎神馳，佇候佳音。

密信由沈誠攜至台北面交蔣經國。蔣經國在接密函之時滿臉笑容地握住沈誠的手說：「則明弟，你辛苦了。」4月4日，蔣經國約見沈誠說：「我對於他們的來函，已仔細看過，大致上他們還是有誠意的，至於在時機上，他們好像操之過急。」「黨對黨談判是準確的，最重要的是大家認同大家的『黨中央』，能以『中央層次』對等談判，才不使雙方有尊卑的感覺。」「以後要談判，也要在我們自己黨內求得共識，因為黨內一部份人還持有反對態度，他們的理由是黨對黨談，臺灣人民會不贊成。」並向沈誠表示「以後視形勢發展，為了配合兩岸關係，我們一定會在政府部門成立一個協調黨政工作的機構來運作。」接到密函不久，蔣經國於

1987年7月15日就取消了在臺灣實施長達三十八年之久的「戒嚴體制」。

　　國共和談的正式代表將派出。1987年9月，沈誠又一次赴臺北，探視久病不癒的蔣經國。病榻之上，蔣經國告訴沈誠：「我正在研究他們來的那封信的處理問題。信已給老夫人（宋美齡）看了，她表示好好研究一下再作決策。」沈誠乘機建議蔣經國給中共方面捎個信，然後再作具體規劃。蔣經國搖手拒絕：「今天的一切，主動在他們，我們回不回信在其次，重要的是下一步的具體工作應如何開展。」並向沈誠透露自己正在考慮下一步赴大陸與中共談判的人選問題。

　　就在國民黨方面的國共和談正式代表即將派出之時，蔣經國的病情突然惡化，於1988年1月13日去世。他的去世，使秘密進行的兩岸接觸突然中斷，兩岸兩黨正式對等談判的美好設想未能實現。沈誠為此也身陷囹圄。

二、中共唁電

1988年1月13日，蔣經國早晨起床時突感身體不適，支撐不起，隨侍醫生立即扶他躺下，但仍不斷噁心，還嘔吐酸水。但一直住在大直官邸，沒有送進醫院。

下午13時55分，蔣經國忽然進入休克狀態，大量的血從口腔、鼻孔噴出，醫生忙用吸引器幫他吸血，但他頸部動脈已經破裂，血湧不止，整個腦袋幾乎七竅流血。

專家醫療小組成員被從臺灣各地緊急召回，等他們一行到達時，蔣經國已回天乏術。

獲悉蔣經國去世的消息，中共中央即向國民黨中央發去唁電。

> 臺北：國民黨中央委員會，驚悉中國國民黨主席蔣經國先生不幸逝世，深表哀悼，並向蔣經國先生的家屬表示誠摯的慰問。
>
> 中國共產黨中央委員會
> 1988年1月14日

新華社駐香港分社負責人還以中國共產黨中央顧問委員會的名義，派員向國民黨駐港機構珠海書院內的蔣經國靈堂送了花圈。

中國國民黨革命委員會中央名譽主席屈武也於1月14日致電蔣經國夫人蔣方良女士，唁電如下：

昨夜驚聞老弟病逝，悲痛無已，竟夕難眠。經國一生愛國，正期再展長才，共竟祖國和平統一大業，不意遽爾長逝，痛惜何似！我與經國，兩世交誼，情同手足，當年蘇聯同窗，溪口話別，此情此景，歷歷在目。雖兩岸睽隔，音問久疏，然思念之情，無時或已。近見開放探親，正慶把臂話舊有期，詎料經國先我而去，竟成永訣，遙望雲天，不知涕泗之所以矣。謹電致唁，敬希節哀，善自珍重。經國靈前，尚祈為我馨香祝禱安息。臨電神馳，未盡欲言。

1988年1月13日夜晚，時針指向20點45分，臺灣市民們正沉浸在電視連續劇《在水一方》的高潮之中，突然畫面斷了，眼前一片令人窒息和茫然的空白，數秒之後，螢屏上出現了莊嚴肅穆的字幕：

蔣總統經國先生，今天下午十五時五十五分不幸與世長辭，舉國哀悼。

當晚19時30分，臺灣「行政院院長」俞國華在國民黨總部宣布了這一消息，當局的高級領導人都排列在俞的兩側，三家電視臺和各廣播電臺都中斷節目，改播哀樂。臺灣當局宣布哀悼期為三十天，在此期間不得舉行聚會，集會、遊行及請願活動。臺灣「國防部」軍事發言人宣布，從1月13日晚上20時開始加強戒備，臺灣三軍部隊全部取消假日和休假。

1月30日上午，在臺北圓山「忠烈祠」，舉行了蔣經國喪禮儀式。由李登輝主祭，十七位治喪委員，臺灣各級官員、民意代表、僑胞代表及各政黨代表2950人陪祭。蔣經國的繼母——宋美齡沒有參加。

上午八時，首先舉行追思禮拜，由一位牧師宣讀祭文，然後唱蔣經國生前自己寫的一首歌：

> 如果人們懷疑你，
> 讓他們懷疑去吧，
> 你要相信自己！

這個按照基督教儀式舉行的追思禮拜歷時四十分鐘。

追思禮拜結束後，即舉行中國傳統的大殮儀式。在哀樂聲中，李登輝率全體與祭人員向蔣經國獻花、行禮、致敬。蔣經國的次子蔣孝武代表家屬向蔣經國遺體三叩頭。

低迴的哀樂聲後，讀祭文，接著舉行大殮，蔣經國的夫人蔣方良率領家屬親視靈柩，蔣經國生前的兩位侍從人員恭敬地揭起蔣經國靈柩上的玻璃罩，靈柩裡，蔣經國身著長袍馬褂，胸前佩帶彩玉大勳章。

8時48分，靈柩棺蓋輕輕地落下，李登輝和其他高級官員身穿藍色或者黑色長袍，把國民黨黨旗和中華民國國旗覆蓋在蔣經國的靈柩上。

9時整，鳴放禮炮二十一響，各地警報器同時鳴響，教堂、寺廟的鐘也敲響一分鐘。

禮炮畢，蔣經國生前的十二個侍從人員將靈柩舉起，隨著哀樂聲，將靈柩移上靈車。靈車前面是蔣經國的巨幅畫像和用大黑字寫的他的遺囑：

> 經國受全國國民之付託，相與努力於以三民主義統一中國大業，為共同奮鬥之目標。萬一余為天年所限，務望我「政府」與民眾堅守「反共復國」決策，並望始終一貫積極

推行民主憲政建設。全國軍民，在國父三民主義與先「總統」遺訓指導之下，務須團結一致，奮鬥到底，加速「光復大陸」，完成以三民主義統一中國之大業，是所切囑。

靈車在三軍樂隊和儀仗隊的引導下，以每小時八公里的速度緩慢開出「忠烈祠」向大溪鎮方向駛去。沿途，很多人按傳統習慣在人行道上磕頭。很多頭髮剃得光光的和尚身著黃色或黑色袈裟在馬路兩旁念經。沿途約有一百萬人含淚目送送葬隊伍。靈柩經上百個祭壇，於下午一點抵達大溪陵寢。

陵寢用黑色大理石築成，蔣經國靜靜地躺在那裡。離他不遠的地方，是他父親蔣介石的「奉厝」地。

蔣經國的逝世，標誌著一個時代的結束。他和他父親所書寫的蔣家王朝的歷史到此已是一個句號。

《美國新聞和世界報導》週刊特派員馬汀熟悉蔣經國，他曾形容蔣經國「手握大權，被一些政治人物和軍事將領仇視，卻竟然敢輕車簡從，不帶任何保鏢四處走動，跟一般人一樣出入餐廳。」他稱許蔣經國「沒有國民黨大官身上常見的諂媚逢迎，具有追根究底的精神，全然藐視我們所稱的民主權利，可又展現出此間罕見的『忠勤任事』，有一股發自內心的精神與力量，驅策他每天上午六時半就起床，一直工作到半夜。」

跟蔣經國接觸過的美國新聞界人士幾乎都有類似的描述，他們很驚訝蔣經國位於臺灣市長安東路居家的簡樸，這位臺灣第一號最具權勢的人物的住宅毫無大官的氣派，遠不比何應欽、白崇禧、張群等人的官邸。蔣經國通常穿著中國長衫，親自端菜招待客人，他的孩子們滿屋亂跑。有時候，蔣經國還帶著家人到電影院趕場，而且跟一般人一樣排隊買票。這也是蔣經國家庭生活最快樂的一段時期，這時蔣氏夫婦家裡經常會來

客人，有時候是中國友人、美國訪客，有時候是隨同國民黨來台的少數白俄友人。大家相聚一堂，做蛋糕、過聖誕、辦舞會，談些蘇聯舊事，留下許多照片。這就是國民黨新型獨裁者的形象，跟美國人以前所習慣看見的右派法西斯的樣子完全不一樣，後者坐大車、住大房子、排場十足、身旁跟著全副武裝的保鏢，彷彿隨時可能遇到暗算。蔣經國完全是相反的狀況。

蔣經國的一生充滿了傳奇色彩。1910年3月18日出生於浙江省奉化縣溪口鎮，少年時深受中國傳統教育，青年時期受到「五四運動」愛國主義鼓舞，因緣際會在俄國加入共產黨，體驗了史達林時期的磨難、艱險、光榮與恥辱；中年以後回國深受其父蔣介石影響，去台後與美國人打交道，置身於美式民主，最後選擇了自由、民主、人權的核心價值理念。

蔣經國真正展現實力的舞臺，不是大陸，而是在臺灣。五〇年代，他掌握情治、政工系統；六〇年代進入軍事系統；七〇年代成為「行政院長」，主張「革新保台」，著手「十大建設」，使臺灣一舉成為亞洲「四小龍」之一；1978年選為「總統」，十年後病故於任上。

三、跪拜生母

從蔣經國的喪禮儀式，不由使人想起他從蘇聯回國跪見生母的動人場景：

夏明曦曾有專文在1982年香港《大公報》上發表詳載這場母子相會：

在溪口，這一天，豐鎬房裡彙集了眾親百眷，熙熙攘攘熱鬧盈門。帳房間的電話鈴聲，從早到晚，響個不絕，是杭州來的專線報告。街上更是人來人往，熱鬧異常，標語橫額，張貼滿街；工商界的人做好紅條紙旗，置辦鞭炮，準備迎接蔣公子還鄉。

電話一個接一個，報告說，汽車從杭州出發了，沿著奉新公路駛來，陪同來的是溪口人毛慶祥。

下午二時，人們在「上山」洋橋那邊列隊迎接，一輛漂亮的雪佛藍小汽車遠遠從西駛來，由遠而近，車中坐著蔣經國、蔣方良、蔣愛倫和毛慶祥四人，車近洋橋，便緩緩而駛，人群一擁而上，口號與鞭炮齊鳴，直鬧得震天價響。

汽車駛到豐鎬房大門口停下，這裡，舅父毛懋卿和姑丈宋周運、竺芝珊等人率領一批長輩們在門外等候。相見之下，悲喜交集，連忙擁著外甥、外甥媳婦進入大門，直往內走，毛慶祥本來就是溪口毛家人，駕輕就熟，也陪著小主人循著月洞門徑自走進去。這豐鎬房本來是蔣經國的出生之地，幼時嬉戲於此，自然是熟習的，但現在反主為客，任人安排，一切都感陌生了。原來當他離家時，老家只幾間古舊

的木結構樓房，如今經過一番修繕、擴建、粉壁畫柱、面貌大變。這一切怎麼不使這位離家日久的小主人備感「華堂春暖福無邊」呢！

她們決定讓母子相會的地點放在吃飯的客廳，為了試試兒子的眼力，她們坐著十來個人，讓經國自己來認親娘。

在客廳裡，現在坐著的是十來個壯年和老年女人，這就是：毛氏自己、姚氏冶成、大姑蔣瑞春、小姑蔣瑞蓮、姨媽毛意鳳、大舅母毛懋卿夫人、小舅母張定根、嫂子孫維梅及毛氏的結拜姐妹張月娥、陳志堅、任富娥等。大家熱情洋溢、興高采烈、等待經國來認娘。

人們簇擁著蔣經國、蔣方良和愛倫，走向客廳間來，一入門內，空氣頓時變得緊張起來。

這時蔣經國，一步緊似一步，一眼望見親娘坐在正中，便急步踏上，抱膝跪下，放聲大哭！方良和愛倫也上前跪哭！毛氏早已心酸，禁不住兒子的大哭，也抱頭痛哭！一時哭聲震盪室內，好不悽楚！經眾人相勸，才止哭歡笑。毛氏對大家說：「今天我們母子相會，本是喜事，不應該哭，但這是喜哭。」

第三天，豐鎬房內張燈結綵，賓客盈門，喜上加喜。原來蔣經國孝母情重，為討娘歡喜，遵循溪口鄉俗，補辦婚禮。

禮堂就是他家的「報本堂」，他們的婚儀，新老結合：新郎蔣經國，身穿西服，腳穿皮鞋；新娘方良鳳冠彩裙，一如戲臺的誥命夫人。「報本堂」內燈燭輝煌。伏豬伏羊，絲竹大鳴，一拜天地、二拜祖宗、三拜父母。禮畢，鞭炮齊放，鑼鼓喧天，進入洞房。

溪口風俗，凡是在外完婚的人，回到家裡均要「料理禮水」，即置辦酒席請同族吃酒。蔣宅不能免俗，這一席喜

酒，足足辦了四五十桌。毛氏囑咐總管宋漲生說：「凡親朋眾友所送禮儀，一律不收，長輩茶儀受之。」

豐鎬房一連熱鬧了五六天，待眾親百眷散去，這才靜下來，進入正常的生活程式。

毛福梅，蔣經國母子相聚的那份天倫之樂，曹聚仁在《蔣經國論》一文中說得更活潑傳神：

> 「他的歸來，對於毛太夫人是極大安慰，她撈到了一顆水底的月亮，在她失去了天邊的太陽之後。這位老太太曾經為了她的丈夫在西安遭遇的大不幸，焚香祈禱上蒼，願以身代。她相信這點虔誠的心願，上天賜還了她的兒子，她一直菇素念佛，在那老廟裡虔修勝業，她對著這位紅眉毛綠眼睛、高鼻樑的媳婦發怔。可是，那個活潑又有趣的孫兒，卻使她愛不忍釋。這位洋媳婦穿起了旗袍，學著用筷子，慢慢說起寧波話來了。那個夏天，他們這一小圈子，就在炮火連天的大局面中，過著樂陶陶的天倫生活。」

而這一切，卻又是發生拜見後媽之後。

傳說，蔣經國由上海至南京拜見蔣介石、宋美齡時，蔣介石曾有意冷落蔣經國，讓他苦等了兩個星期，後經陳布雷進言緩頰，蔣介石才傳諭召晤。

蔣介石問蔣經國打算，蔣經國表示，願在政治、工業間，任擇其一。

蔣介石吩咐，先拜見宋美齡，然後去溪口拜見生母。休息調整一番，然後再論工作，來日方長。蔣經國深知在「中國的第一家庭」政治因素的重要性與微妙之處，只能服從父

命，先去拜認了宋美齡「媽媽」，以討蔣介石、宋美齡的歡心。蔣介石見了兒子、兒媳、孫子，也異常高興，立即為洋兒媳取中文名「芳娘」冠夫姓後成為蔣芳娘，（後由毛福梅改為「方良」）。同時，按蔣家譜系，為孫子愛倫取名孝文。對於蔣經國的恭敬態度，宋美齡也頗滿意，她送給蔣經國十萬元鉅款作為認母的見面禮。

天之嬌子

1910年3月18日，浙江奉化縣溪口鎮，正是山區桃花爭豔的初春時節，在接生婆的幫助下，蔣經國於溪口素居（即豐鎬房）出生了。

迎接麟兒，祖母王太夫人最興奮。這些年，海天遙隔難得與兒子見上一面，能早點抱孫子，心理上是一大慰藉，從此有人繼承香火，也許是觀音菩薩的恩賜，也許是虔誠祈禱的結果。

和婆婆分享這個快樂的是毛福梅，自九年前嫁到溪口蔣家，她的唯一任務，好像就是為侍候好婆婆和頑童丈夫，而丈夫稍微成熟後又負笈遠遊，天各一方，她飽嘗了分離的苦楚。孩子降生的意義，特別是個男孩，使她精神上得到了寄託。

孩子乳名建豐，大名經國。這個名字望文生義，希望長大能成為經國濟世之才。可是在當時，取這個名字不過是一時靈感信手拈來，誰也不會料到，六十五年後，果然成為臺灣一號強人，甚至連孩子的父親也是始料未及的。

因蔣介石滯留東瀛，經國出世的喜訊，不知是用書信還是電報，傳到日本新瀉，作為連隊二等兵的蔣介石聞訊雀躍

不已──「吾家之必當有後」，他的歡欣鼓舞，當不下於結識陳其美、拜會孫中山。不過，父親與孩子的初次見面，直延到第二年夏天，和同伴張群「托故假歸」，才看到取名建豐的寶貝兒子。

獨生子有祖母、母親的雙重照料，樂也融融，彷彿天之嬌子。父親的仕途不很得意，經濟上卻揮金如土，常自上海托人帶回一點洋玩意，逗得母親、媳婦、兒子三人直樂……

王太夫人念經不懈，不是在素居廳堂，就是到附近摩訶祖師殿，閒暇含飴弄孫。

毛福梅有潔癖，除了疼孩子，就是指揮侍婢打掃揩抹，忙個不停，務使豐鎬房內外，窗明几淨，一塵不染，生怕經國一不留意有個三長兩短。

遇到正月十五、六月初六等大節日，返鄉的善男信女扶老攜幼，忙著趕廟會，迎神拜佛。老祖母少不了帶孫兒去向菩薩報到，順便讓孩子看看熱鬧。

當年，親若母女的王氏毛氏婆媳，常到摩訶殿禮佛誦經，以消磨寂寥歲月，這裡和周圍的幾棵古樟樹下，也就成了朝夕不離慈親的經國小時嬉玩和後來的葬母之地。

四、留蘇磨難

　　那麼蔣經國是如何去了蘇聯，又怎麼會發表反蔣言論的呢？

　　原來，1925年3月12日，孫中山先生於北京逝世，但無礙蘇聯與廣州的密切聯繫。7月1日廣州成立國民政府。10月7日，在國民黨中央執行委員會第六次代表大會上，蘇聯軍事顧問鮑羅廷宣布，莫斯科將成立「孫逸仙大學」（中山大學），希望國民黨選送學生去蘇聯學習。

　　於是中山大學招生的消息傳遍整個南方，而各地嚮往革命的青年報名報考，僅廣州一地，即達千名以上，經甄選後，實際錄取三百四十名，其中三十名由鮑羅廷推薦，他們都是國民黨要員的子弟，包括蔣經國在內。

　　此時蔣經國還是個十五歲的熱血青年，在上海浦東中學讀書。1925年，上海發生了震驚中外的「五卅」慘案，蔣經國參加了反英、反日的示威大遊行。事後學校當局以「行為越軌」而將其開除。其後他的父親蔣介石又送他去北京，入國民黨元老吳稚輝辦的子弟學校—「海外補習學校」學習，專攻俄語。不久蔣經國又參加了反對北洋軍閥政府的示威遊行，被警察局關押了兩個星期。出來後，他受「五四」以來革命思潮的影響，說服父親蔣介石、吳稚輝與陳果夫等人，讓他去莫斯科學習。

　　1925年10月19日，蔣經國和第一批二十二位同學從廣州搭一艘蘇聯輪船赴蘇聯學習了。在國民黨方面有谷正綱、鄧文儀、皮以書、屈武、王新衡、白瑜、韋承成、卜通明等；共產

黨方面有王明、邵力子之子邵自剛、張錫媛、廖承志、林祖涵、楊尚昆、烏蘭夫等。烏蘭夫和蔣經國還是同一張板凳上的同學呢！

校方為每一位中國學生都取了俄文名字，蔣經國被稱為「尼古拉」同志。開學典禮由蘇聯領導人之一的托洛茨基主持，他宣告：「中國革命與蘇聯革命此後結為一體。」

所有學生依黨籍、年齡和教育程度分班，並規定每位學生都要寫日記，記下自己的活動與學習心得，包括批評與自我批評，並要求在公開會議上朗讀日記的內容。滿腔熱情的尼古拉同志積極參加了所有的活動，在批評與自我批評中毫不落後別人，他還在《紅牆》壁報上寫評論文章——〈革命必先革心〉，受到校方高度讚賞。一個月後，青年鄧小平來到「孫逸仙大學」報到，校方稱他為「伊凡」同志。伊凡同志給了尼古拉同志幾篇關於在巴黎工作的經驗文章，讓他在由他編輯的《紅牆》上發表。尼古拉同志很快就加入蘇聯共青團以及中國社會主義青年團。

1926年3月20日，蔣介石發動「中山艦事件」，逮捕中共黨員艦長李之龍，扣壓艦艇船隻，包圍省港罷工委員會駐地和蘇聯顧問辦事處，逮捕黃埔軍校第一軍中共產黨員四十餘名。

消息傳到莫斯科，引起了中山大學學生的無比憤怒，學生們對蔣介石口誅筆伐，蔣經國也成了眾矢之的。他感到很委屈，就去找黨團小組長的鄧小平彙報思想。鄧小平滿腔熱情地做他的思想工作，並指出：「一個人的出身和家庭是不可選擇的，但每個人的路是靠自己走的。今天你向組織上彙報，說明你是相信組織的，組織上也就認真告訴你，要和你父親的錯誤劃清界線，真誠地站在無產階級一邊，用自己的行動向組織和人民作一個滿意的回答。」鄧小平的這番談話，使蔣經國感到

很溫暖，他認為鄧小平不但原則性很強，而且很有人情味，是個值得信賴的人，從此，他對鄧小平更加肅然起敬了。

1927年4月12日，蔣介石在上海對共產黨人實行大屠殺，當時中山大學的師生和員工對蔣介石的背叛行為非常氣憤，紛紛舉行集會，聲討他的罪行。在一次全校性的聲討會上，只見一位小個子俐落地跳到臺上，振臂用俄語連呼：「打倒蔣介石！打倒反革命蔣介石！！」大家定眼一看，不是別人，正是蔣經國！同學們感動了，把他舉起來拋到空中，用俄語高呼萬歲！

蔣經國因為此事在莫斯科大大出名，數天後，他發表一份聲明，公開譴責其父。《塔斯社》予以傳播世界各地。文中有：「他背叛了革命，從此他是中國工人階級的敵人。過去他是我的父親，革命的好朋友，現在他是我的敵人！」等等。

1927年後，尼古拉被選入培訓紅軍幹部的列寧格勒馬契夫中央軍政學院深造，第一年就當上了學生連連長，還成了蘇共預備黨員，1930年5月，他以全班第一名的成績畢業。畢業後他申請回國或留在蘇聯紅軍發展，史達林對他這兩項要求都不同意，因為蔣介石此時仍在公開反蘇。

1930年12月，史達林開始清除「託派分子」的鬥爭，因受家庭出身和當時「左」傾錯誤的影響，他被分配到狄拿馬電氣廠當學徒。其後又因在一次會議上與駐共產國際的中共代表團負責人王明發生爭執，被下放到農村改造。

1931年，蔣經國受到史達林的接見。翌年，他重返莫斯科，等候派遣。1933年春，他被派往西伯利亞礦務公司任職，同年10月又被調到斯夫洛斯克「烏拉爾重型機械廠」任技師，後升任為副廠長。在工廠任技師時，蔣經國同蘇聯女工芬娜產生了戀情，經蘇聯黨政機構批准，1935年3月與芬娜在異

國他鄉結成了百年之好，證婚人是國民黨已故「立委」王新衡。婚後不久，生下了長子愛倫。

在王明的壓力下，蔣經國最後寫下了題為〈獻給母親的信〉的文章，信中對蔣介石進行了抨擊，如：「他是中國人民的仇敵，我對他非但毫無敬愛之意，反而認為應予殺戮！」等等。此信發表於1936年1月蘇聯《真理報》上，轟動一時，最為難堪的自然是蔣經國的父親蔣介石。

蔣經國發表「致母親的反蔣公開信」後不久，又寫了一封信給史達林，請求批准他回國，但是仍未被理睬。同時，受當時蘇聯國內鬥爭託派的影響，蔣經國被解除了副廠長的職務，預備黨員資格亦被取消，歸國之途遙遙無期。

五、致母親信

親愛的母親：

　　您把我送到莫斯科已經有十年了。我們分離的時候，您說出了您的願望，您希望我幸福、富有，今天我已經達成了。但是我達成的方式跟您當時的想像並不相同。您的兒子已經成了真正富有的人，但這富有既不是田產，也不是銀行鈔票，而是人類實際生活的知識和解放被壓迫、被剝削的人們的辦法。您的兒子雖然成了真正幸福的人，但這個幸福不是舒適安樂的寄生蟲的生存，而是勞動和自由的生活，是鬥爭和作戰的偉大的前途，是為全國人民創造幸福的未來。1927年您給我的信要我馬上回家，這個要求到今天還未能實現。但是您的兒子已經開始了新的生活的道路，他也許永遠不會回來了。他也許永遠不會落入父親——那個笨蛋的手中，去做一個可憐膽小的孩子。您的孩子正要以堅定的決心在中國革命的大道上勇敢地邁步前進。

　　母親：人家說，共產黨是匪徒，野蠻人，共產黨員不要家庭生活，對父母不要孝敬，這些話您千萬不要相信，這些話都是騙人的。共產黨是為爭取真理什麼都不怕的戰士，他們為了創造人民幸福的生活在鬥爭著。共產黨員就是這樣的人，只有這樣的人才能真正瞭解生活和善於創造家庭生活的。

　　我的隔壁住了一個共產黨員的家庭。父親是工廠的技師，母親在同一間工廠當職員，兒子是熟練工人，女兒在工廠

學校上學。他們是真正地過著親愛的家庭生活；他們互相敬愛，這個家庭是建築在相當的政治主張之上。每當我看到別人家庭的幸福，就常常會想起我的母親，因此我問自己，為什麼我就不能跟他們一樣？為什麼我就不能有他們那樣的幸福？但是問了之後又怎樣呢？您以前的丈夫以極端野蠻的手段屠殺了數萬、數十萬的兄弟同胞，前後連續三次出賣中國人民的利益。他是中國人民的仇敵，他是您兒子的仇敵。我有這樣的父親在中國人民面前是不能不感到恥辱的。對這樣的父親不但沒有任何敬愛之念，對這樣的人物我恨不能殺戮他、消滅他。

聽許多人說，蔣介石在宣傳孔子的孝悌和禮義廉恥的學說，這是他迷惑人的慣用手段，以此欺騙和愚弄人民的意識。母親，您還記得吧？是誰毆打您，抓住您的頭髮，將您從二樓拖到樓下？那不是他——蔣介石嗎？是誰打我的祖母？那不是他——蔣介石嗎？這就是他對父母和妻子的孝悌和禮義。

蔣介石買了許多田產、企業和商店，究竟是誰的錢買的呢？那不是他用各種辦法從窮人手中搶來的錢嗎！以前說必須擁護工農的利益，和共產黨握手的是誰？那不是現在繼續屠殺中國革命的劊子手——蔣介石嗎！以前說蘇聯是中國人民政府的真正朋友，因此非擁護蘇聯不可的是誰？那不是現在東方反蘇聯盟中的帝國主義的走狗——蔣介石嗎！向日本及其它帝國主義者借款，出賣中國領土的是誰？那不是蔣介石嗎！蔣介石是賣國、辱國的政府領袖，他屠殺了反對帝國主義統治和爭取解放中華民族的英雄。

這就是滿嘴說「禮義廉恥」的他自己的真面目。我在寫這幾行文句時，不自覺地握緊了拳頭，胸中燃起了對仇敵的憤怒和痛恨，恨不得將這樣的仇敵馬上驅除。

昨天我是一個軍閥的兒子，今天我成了一個共產黨員，對共產主義的信念是一點都不動搖。我有充分的自覺，對真正的革命理論有研究、有認識，您和世界上許多人一樣，因為對政治不懂，對各種支配因素和統治分子的聯繫關係不清楚，自然對世界變化的真相瞭解有困難，因此也許對蔣介石的兒子變成共產黨員就不能理解了。母親，我希望您和見到這封信的人們從各個方面來考慮事情，以最客觀的態度觀察中國所發生的一切事情。罪惡、威脅和混亂的根源究竟在什麼地方？混亂和威脅的戰爭，誰應該負責？

也許您不會沒有見過千百萬人餓死的事吧！那些餓死的是因為蔣介石及其同黨把窮人以自己光榮的努力得到的一碗飯搶去吃了。還有，也許您不會沒有見過外國人在中國各都市農村中毆打、殺戮中國人吧！這種事情的發生是因為蔣介石及其同黨鼓勵外國人在中國建立特權。

也許您不會沒有聽說過蔣介石把數千、數萬為革命事業奮鬥的優秀戰士用汽油燒死的事？不會沒有見過蔣介石把共產黨員砍殺？蔣介石的手已經被全國工農的血——我親愛的人民的血染紅了。他應該在全國人民的面前負起這些罪惡的全部責任。

蔣介石在帝國主義的援助下前後發動了六次「圍剿」，反對中國的蘇維埃，打算消滅蘇維埃政權。但是蘇維埃政權支援救中國，是中國獨立的唯一出路。他雖然打算消滅紅軍，但紅軍是中國人民的武裝力量，他的這種企圖永遠不會成功的。我們應該瞭解，也不應忘記，運動的規律和鬥爭的邏輯都說明了所有統治階級必定滅亡，被壓迫者必定得到勝利。

蔣介石所走的道路必定是過去俄國反革命將軍高爾察克、鄧尼金、烏蘭可爾等走過的道路。紅軍前進的道路必定

是蘇聯紅軍——光榮的勝利者走過的道路。這是所有中國人都完全瞭解的。

鬥爭和交戰的時候，每個人的面前只有一條路可走，有的人站在革命的一邊，有的人站在反革命的一邊。每一個有人格的中國人都應該站在革命的一邊，團結在蘇維埃的旗幟下，在共產黨的領導下站起來，跟國民黨和蔣介石作無情的鬥爭，將神聖的民族解放革命鬥爭推進，反對帝國主義和擁護中國蘇維埃。

母親！我希望你站在正義的一邊，站在你兒子的一邊，站在革命的一邊——這是您兒子對年老的母親的願望。

中國的工農也沿著俄國工農的道路前進著，在中國已經建立，真正建立了與我居住的國家同樣的蘇維埃政權。在這十年間蘇聯這個國家有了極大的改變，現在已經成為富強的社會主義工業國家。工人和集體農莊人員的生活已經比以前改善了數十倍，在他們面前展開了廣闊、富有的生活道路。我工作的工廠是在一片廣漠的空地上以五年的時間建成的，現在這工廠有四萬名工人工作著，這些工人建設了最好的社會主義城市。他們每個月的工資過去是二百二十盧布，今年增加到三百一十盧布。1930年以前我上過各種學校，1930年以後我在工廠工作，成了工人，後來成為技師，現在是廠長。這個廠有四萬工人，我有自己的房子，每個月有七百盧布的薪水。當然，對我來說重要的不是生活方面，而是精神方面的快樂。我對您說這點是因為在中國有一部份人說我被布爾什維克虐待，蘇維埃政府把我放逐，所有這些謠言都會使我笑破肚皮。確實，有各種各樣的壞人和卑鄙的人把別人也看與自己一樣，蔣介石非法監禁了太平洋勞工組織的書記官同志夫婦，只因為他們是反對帝國主義、擁護中國的積極戰士。我想蔣介石

以為蘇聯對於在蘇聯的所有中國人也像他對住在中國的各國革命戰士的態度一樣，但這是絕對沒有的事。

　　蘇聯是世界上最重禮節、最文明的國家，我對能住在蘇聯覺得非常光榮，蘇聯是我們的祖國；我對自己的祖國——蘇聯的各個方面不能不高興；我的祖國——蘇聯天天在清除發展道路上的障礙，打擊和消滅一切的敵人；我的祖國——蘇聯像燈塔一樣，在大風大浪的海上照亮了全世界被壓迫人們鬥爭和勝利的航路。因此，我的祖國就特別成了仇敵的眼中釘，仇敵用各種方法和謠言誣衊蘇維埃政權。我衷心希望所有的人都堅決地站到革命的陣營，鞏固社會主義和全世界無產階級的組織，爭取中國的獨立，爭取中國的蘇維埃政權的建立。

　　母親！最近就會和您相見是值得高興的，假如您能出國，不管哪一個國家，我都準備與您見面。

　　祝

　　大安

您的兒子　經國
1935年1月23日

六、離蘇返國

那麼，後來蔣經國又是如何回國的呢？

1936年12月，震驚中外的西安事變爆發，以西安事變的和平解決為契機，全面內戰停息，國共第二次合作形成，蔣經國的個人命運也發生了歷史性的轉折。

1936年，蔣廷黼出任中國駐蘇大使，行前，蔣介石委託宋美齡轉告他，希望他幫助尋找蔣經國，並設法接其回國。據張國燾《我的回憶》中講：西安事變期間，中共代表周恩來曾與蔣介石共敘老友之誼，蔣介石乘勢詢問蔣經國的下落，周恩來告訴蔣介石，其子蔣經國在蘇聯頗受優待，蔣氏微露思子之意，周恩來滿口答應幫助他父子團圓。不久，周恩來通過中共駐莫斯科的代表把蔣介石思子之情轉達史達林。史達林出於在中國建立國共合作和抗日民族統一戰線的考慮，同意放蔣經國返國，並接見了蔣經國，對他說：「你雖然在蘇聯已經十二年了，但你是個中國人，你們國家和人民正遭受日本帝國主義侵略和奴役，你應該回中國去，為你的國家和民族的解放而奮鬥。」

蔣廷黼在其回憶錄《出使莫斯科》中曾記述了這一過程：

> 當我赴莫斯科前，委員長夫人告訴我說，委員長希望他滯留俄國的公子經國能回國。他的公子於1925年赴蘇，自那時開始，便一直留在蘇聯。
>
> 在我和蘇聯外交部次長史脫尼可夫初期會晤中，有一次提到委員長的公子，並表示：極願知其下落，如能

代為查詢，感謝之至。他認為很困難，不過他答應試一試。

1937年某夜，當我和部屬們閒談時，有人報告我說有客來訪，但於未見我本人之前，不願透露姓名。當我接見他時，他立即告訴我他就是蔣經國。我很高興，在我未來得及問他計畫和意圖前，他說：「你認為我父親希望我回國嗎？」我告訴他：「委員長渴望你能回國」。他說：「我沒有護照、沒有錢。」我請他不必擔心，我會為他安排一切。接著他又說：「我已與一位俄國小姐結婚，而且已有了孩子。」我肯定地告訴他，委員長不會介意此事。接著他又問：「是否應該給委員長及夫人帶一些禮物？」最後，我幫他選了一套烏拉爾黑色大理石製的桌上小裝飾品送給委員長，一件波斯羊皮外套送給夫人。幾天過後，他們到大使館來，和我共進晚餐，經國夫人是一位金髮美人，外表很嫻靜。經國先生告訴我，他對中國未來的抱負，我勸告他，請他在回國後一年內不要提出他的理想，儘量瞭解中國的問題以及導致這些問題的原因，然後再提出解決的辦法。

1937年3月25日，蔣經國攜妻子芬娜、兒子愛倫從莫斯科啟程返國。

十二年的留蘇生活，在蔣經國心目中的份量是很重的，情感頗深，從十五歲的稚氣少年到二十七歲的成熟青年，蔣經國最美好的青春年華是在那裡度過的。學校、部隊、工廠、農村，各種經歷都親身體驗過，接受過鮮花、掌聲，也承受過打擊、磨難，可謂滄桑歷盡，愛恨交織，一生不曾釋懷，這抹不去的一頁，對他以後的政治生涯，影響至為深遠。

對於蔣經國回來，蔣介石的心情頗為複雜，他一方面非常想念自己的親生骨肉，但另一方面又對蔣經國在蘇聯長達十二年，又曾是共產黨員，蔣介石也不能不懷有戒心，從而嚴加防範，絕對禁止他再與任何「左」派人士接觸。

從蔣介石交代經國歸鄉後第一個月的功課看來，《三民主義》等是蔣介石交給蔣經國最核心的必修課程，這也是蔣介石重新塑造蔣經國意識形態的重要途徑。

蔣介石要蔣經國讀《曾國藩年譜》，讀《曾國藩家書》，研究由南宋袁樞寫的《通鑑記事本末》。

蔣經國是個聰明人，他明白父親開給他的這份書單的真正意涵，是要將其在蘇聯習得之偏差思維，儘早扭轉過來，秉承中國傳統的孝思。蔣經國明知意識形態之事，不是一天兩天所能改變，但是他還是在信上極力迎合父親的意旨，極力做反省和懺悔的工作。蔣經國在家書中表示要去除自己心中的惡劣思想，並期許自己要「以孫總理之主義為唯一思想，以吾父之事業為一生志願。」

七、江西受命

　　抗日戰爭爆發後，蔣經國結束了寧靜的讀書生活，由奉化到了重慶。不久，政學系首腦、江西省政府主席熊式輝為了迎合蔣介石心意，於1938年1月任命蔣經國為江西省保安處少將副處長。這是蔣經國回國後在政治舞臺上扮演的第一個角色。蔣經國也很想去江西施展一下他從蘇聯學來的一套本事，作為今後政治活動的資本，於是很快走馬上任。蔣經國到職後不久，就與僅僅想借「太子」自重而且不欲蔣經國有所作為的熊式輝發生了矛盾，熊式輝就將蔣經國從實權之位的保安處調出，改任虛職「江西政治講學院」學生總隊總隊長。1938年5月，熊式輝又以江西省政府的名義發表公告，任命蔣經國為「江西省保安司令部新兵督練處長」，讓他離開南昌到贛州集訓保安團隊。

　　新兵督練處設在臨川溫泉，蔣經國搬用蘇聯軍隊的思想政治工作方法來「改造」國民黨舊軍隊，首先提出：連隊要經濟公開，賞罰公開，不准打罵士兵、不准剋扣士兵伙食、注意改善士兵生活；其次，他還積極採取措施開展「康樂活動」以活躍官兵精神，造成朝氣蓬勃的氣象。對於軍官教育，則反復宣傳王陽明學說，還遵從乃父蔣介石的一慣作法，把《增補曾胡治兵語錄》、戚繼光《紀效新書（練兵實記）》等列為軍官必讀書籍。他在作風上也與眾不同，不作威作福，經常深入連隊與官兵一起吃住。很快，贛州的新兵訓練出現了新氣象，蔣經國聲名大振。他把這一段督練新兵的過程，編了一本《溫泉

練兵實記》，藉以宣揚他練兵的成績，同時也是向其父交的「考試答卷」。蔣介石對兒子的初涉政界、軍界即嶄露頭角十分得意，曾指示國民黨一些部隊派人到江西新兵督練處參觀學習。

臨川溫泉練兵，是蔣經國事業的開端，為他以後在政治、軍事上的發展奠定了一個比較扎實的組織基礎和思想基礎。

1939年3月，熊式輝任命蔣經國為「江西省第四行政區督察專員」，6月又加任保安司令，接替已聲名狼藉的復興社份子劉已達，公署在贛州。蔣經國成為贛南大權統攬於一身的最高行政長官，第一次獨當一面。

這年夏天，他到重慶參加中央訓練團黨政班第三期受訓，經三青團中央團部委派為三青團江西支部籌備主任。這顯然是老頭子安排嫡親踏上黨團領導階層的階梯，蔣經國回到贛州後就籌畫江西支部。

首先是地點問題，省支部是全省團的領導機關，本應該和省政府、省黨部同設在省會的。那時江西的省會南昌已經陷敵，戰時省會設在泰和，蔣經國當然不願意丟掉剛接任的專員，而到泰和去辦團。因而，徵得中央的特准，將「江西支團部」設在贛州。熊式輝兼「江西支團部」指導員，還得到贛州來開會，這樣一來，贛州既成為蔣經國政治活動的據點，又成為蔣經國掌握全省青年運動的中心，以後「新贛南運動」的故事也就是從贛南發端的。

其次，就是幹部問題。黨、團的幹部來源不同與其他部門，他們必須來自組織內部，或通過組織培訓，形式上都通過組織的圈子。蔣經國在蘇聯經過嚴格的組織生活，所以他不願意搞表相的組織形式，而是要確實掌握幹部，掌握成員，從而抓住組織實質，就是說手下要有可靠的人馬。因

此，蔣經國要培養一批自己的幹部，他在「青幹班第一期」開學典禮上，就向學員們明白宣稱：「你們是我們團在江西始創的第一批幹部，今後江西全省組織的發展，就靠你們去開天闢地了！」

蔣經國從史達林那兒學來的一套幹部至上的道理：有了自己的幹部，等於有了自己的班底，以後就能控制基層，開創局面。

八、「以血洗血」

正在工作的興頭上，蔣經國突然接到母亡的電報。

據1939年前後任浙東駐軍司令王載揚老先生回憶：有一次我去看望太夫人，與她聊起了家常，我問太夫人：「你兒子在江西當專員，太夫人為何不到他那裡去？太夫人說：『我兒子還不錯，雖公務繁忙，但能常來看我，能孝順我，也聽我的話，只是我老了，在家習慣了』。」

王載揚老人不止一次地談到，蔣經國除了臉上有少許幼時出天花留下的麻點，整個臉型五官與毛夫人長得十分相像，特別是笑起來，兩人簡直是一個模子刻出來的。

1939年12月12日是王載揚終生難忘的日子。六架日寇飛機第一次轟炸溪口鎮，在轟炸中，蔣家當場遇難的有擔任帳房的外甥宋漲生、教方良國語的董老師等六人，另有多人受傷。

敵機遠遁，硝煙散盡後，躲避在外面的人們先後回來了，惟獨不見毛福梅。人們四處尋找無著，正焦急之際，王載揚率領士兵趕來，到了現場後，王載揚命令手下士兵全體出動，澆水滅火，搜尋現場。過了下午四點，空襲警報解除，毛氏的貼身侍婢阿香也回來了。

我問她夫人呢？她說：「我走時夫人還在房裡。」我怪她不該丟下夫人自己逃命！她哭著說：「空襲警報來的時候，夫人叫我走，我不走，夫人說日本人信佛的，她也是信佛的，日本人不會炸她。我還是不走，想拉夫人一起走，她知道拗不過我，便使勁往門外推我，叫我先走，她隨後就來。」

說罷又嗚嗚地哭起來。我又問她離開時夫人在哪？阿香說：「在大廳。」我馬上命令部下四下挖掘。

轟炸後的第二天中午，一名士兵發現後門不遠處有炸倒的牆頭微微隆起，挖開一看果然發現了毛氏的遺體，遺體上身完好，下部大腿斷裂，腸子外流，其狀甚慘。

王載揚回憶說：「見到太夫人的遺體，我當時真氣極了，恨不得一槍斃了阿香。後來手下人拉住我勸說，日本人才是罪魁禍首，讓我饒了阿香。我這才平靜了下來，打消了這個念頭。同時，把情況緊急通知熊主席和蔣經國。」

正在贛州的蔣經國接到喪母的電報後，心急如焚，立即日夜兼程趕回老家奔喪。車到家後尚未停穩，他便淚如泉湧，跌跌絆絆，口中呼喊著「姆媽」，撲倒在母親的遺體上，嚎啕大哭，在場者無不動容！

看到蔣經國一臉疲憊，我當即說：「蔣專員身體要緊，具體的事我們來辦，您一定要保重，人死不能復生，我們一定同仇敵愾，努力殺敵，為太夫人報仇！」他垂淚回答：「是的，刻骨銘心，此仇必報，血債一定要用血來還！」

靈柩趕製完畢，毛福梅葬禮如期舉行，因遽遭大難而傷心過度，蔣經國身體還很虛弱。所以葬禮臨時改由王載揚主持。

「我主持太夫人喪事時，心中交織著對太夫人的悼念和對日寇的仇恨，目不交睫數晝夜。那時遠道來弔唁者途為之塞，人們大多手持佛珠逶迤數十里，足見太夫人平時善待鄉鄰。因鄉鄰擁至，我臨時借用了部隊米糧，叫炊事班做飯給弔客果腹。」

「到太夫人入殮時，身著壽衣，頸懸佛珠，蔣經國匍匐趨前，把太夫人胸前佛珠扶正，還輕摸太夫人雙眼使閉。其後舉棺出喪，送喪者人山人海，前導以學生的樂隊，我率隊殿後。」

「因一時找不著所謂『好風水』的墓地，蔣經國決定葬母於摩訶祖師殿前側。」蔣經國當時哽咽著說：「母親生前最喜歡這個地方，九泉有知，也必樂意。」言畢，揮筆疾書「以血洗血」四字，囑人刻立於其母罹難處，以表示他誓向日寇報仇雪恨的決心。1949年，蔣經國又請國民黨元老吳稚輝補寫了「顯妣毛太君之墓」碑字。

九、贛南新政

「三把火」初見成效

經過幾天的休整，蔣經國便從喪母的陰霾中振作起來，風塵僕僕，重新回到贛州。

首先，他提出「除暴安良」的口號，打擊地方惡霸、流氓地痞的囂張氣焰，恢復地方治安秩序。由於他敢於用嚴厲的手段對付一切與他作對的人，贛州的土豪劣紳有所收斂，政令基本上得到通行。

其次，他強調嚴懲貪污，整飭吏治，提倡公僕精神。他常常微服私訪，深入民間調查，發現問題及時解決。

再次，他厲行禁煙、禁賭、禁娼、改良社會風氣，並認真執行。對於明知故犯的高官大吏及其親屬，也毫不手軟地處以極刑。

贛州有一家利民商場，其後臺老闆是廣東軍人，大股東是國民黨中將軍長。在商場三樓開了一個大賭場，他們有恃無恐，還有武裝警戒。

蔣經國獲此情況後，決定親自出馬。當天晚上，他穿了一身便衣，佈置了行動人員，到達門口時，有一位賣餛飩的老人，正要送餛飩上樓。蔣經國上前說：「老人家你的帽子借我，我替你送。」於是他接過帽子戴上，手裡端著餛飩，後面跟著便衣隨員上到三樓。賭徒們正在興頭上，有人喊了一

聲：「清湯來了！」（清湯即小餛飩）冷不防蔣放下盤子，脫下帽子，笑嘻嘻用手一拱，開口說：「各位老闆，財氣好哇！」大家一看是蔣專員從天而降，不敢怠慢，只得低下頭來。便衣人員早就一排槍對準了他們，眾賭徒嚇得魂不附體，有的下跪求情。蔣經國板起鐵青面孔，大喝一聲：「全部帶走！」數十名賭徒無一漏網，當場繳獲現洋、鈔票、金銀首飾數萬，另有手槍三支。只有利民商場經理盧某聞風而逃，後來這個經理出面疏通，作出悔過書，保證今後不再開賭，並認捐關金券三萬元，繳款後被關押的賭徒才被釋放，蔣經國將這筆款用於兒童新村的建設。

　　抓賭罰款，雖有成效，但總是禁而不絕，尤其是地方上一些有錢有勢的人家，陽奉陰違，轉入地下，在深宅大院照賭不誤。蔣經國對此十分惱火，於是他又想出了一個新點子：「以後抓到賭徒的便押送贛州市中心公園罰跪！」那些頭面人物，對於罰款倒不在乎，最怕的就是這招，在眾目睽睽之下，跪在公園裡丟人現眼，實在受不了。

　　有一次，四位闊太太開局賭博。她們的丈夫分別是：吉泰司令部賴偉英少將、專員公署科長楊萬昌、南昌市銀行經理賀濟昌、鹽務處長劉某。警察局不敢下手，請示專員，蔣說：「不管什麼人，即使司令太太抓到了照跪不誤！」

　　動手抓的時候，賀、劉二婦機靈腳快，立即從後門溜掉了，而賴司令太太人胖跑不動，楊科長老婆自恃老公是蔣專員手下紅人，漫不經心而被抓。

　　楊萬昌得知老婆被抓，就急忙去找蔣請求免於公園罰跪，可以具保證書悔過。蔣經國板起面孔：「不行！」楊科長因受不了如此「奇恥大辱」，只得辭職而去。

賴偉英趕到贛州，未見到蔣經國，氣得渾身發抖，忿忿地說：「蔣經國太過份了，想當年我跟他老太爺東征北戰，立過汗馬功勞，萬萬沒想到他今天成了專員，竟這樣讓我下不了臺！」

在禁毒過程中，一些有來頭，有背景的老煙販、老煙鬼，明禁暗吸，白天不吸晚上吸，城裡不吸到鄉下吸。

1941年夏季的一天下午，贛州市響起了空襲警報，兩個煙鬼借混亂之機，躲到八境台下一朋友家裡吸毒，不料被警察二隊的偵緝發現，當場把他們抓獲。一個是鴻盛煤油商店經理傅立本，其兄乃南昌美孚洋油公司買辦傅立德；另一個是贛州民主火柴廠庶務朱促農，其父是南昌大陸銀行經理朱明蓀。兩家都是南昌財團的大資本家，有錢有勢有靠山。省警察二隊隊長張壽椿心裡樂滋滋的，果然抓到兩頭肥牛，一則可向蔣專員邀功，二來可大撈一把油水。他立即報告了蔣經國，蔣說：「好哇，早就想抓幾個有來頭的，敢於頂風作案的典型，重重查辦他幾個，今日果然撞到槍口上來了，把他們押到專署軍法處來，聽候懲處！」兩家家屬聽到消息，急得要命，知道此事「蔣太子」正心高氣傲，不敢去找他，只好試探地請張壽椿想辦法，張壽椿接過對方送來的幾根粗粗的金條，沉默了好一會兒才說：「蔣專員執法如鐵，你們千萬不要去找他，我想了個『曲線救人』的辦法，兩全齊美，然後請本省請熊主席美言幾句，問題就好辦了。據我所知，時下一架驅逐機只要十萬塊錢，你們兩家合買，沒有問題。」對方嘀咕了一陣，眼下又沒有別的辦法，只好點頭答應。

張壽椿大耍手腕，出了這個歪點子，又去向蔣經國彙報，說是傅、朱兩家要「獻機祝壽」以贖罪過。此時，軍法官蔣善初也拿著幾張報紙進來，上面都登了「獻機祝壽」的

文章，蔣經國一看，大拍桌子：「什麼？獻機祝壽，花錢買命，真是異想天開，他敢玩法律，我要加重懲處！」

傅、朱兩家最終人財兩空。

秉公執法為百姓

仇貨隊是剛剛成立的一個組織，負責查禁日本貨場。任錫章從青幹班畢業後，蔣經國信任他，委派他擔任這個「戰時經濟檢查隊」隊長一職。蔣經國回到家裡時已是晚上十一點了，但是早已在那裡等候他的情報室副主任楊明和行動組長蔡百里迎上來，向他報告了一件讓他大為震驚的事：仇貨隊長任錫章，敲詐勒索，貪污受賄。

「詳細情況？」蔣經國腦怒地問。「這是從建春門專員信箱裡收到的檢舉信。」楊明將材料遞上。

蔣經國接過後，飛快地翻閱著，檢舉材料上說：廣益昌從上海購進盈豐、章華兩廠高檔華達呢毛料運回不久，被仇貨隊拆包檢查時，剪去四米驗樣，後又被任錫章發現，指責商家貨源有問題，給予查封。經理找他疏通時，他答應可以私了，但必須罰款四千光洋，幾經討價還價任錫章同意罰八百，但不給收條。

「他上繳了沒有？」蔣經國接著問。

「我查過財務賬，沒有八百光洋收款項目。」蔡百里證實。

「蔣主任，這裡有稅務員的揭發。」楊明又將一份材料送上。材料中說，在廣益昌查帳時，發現在八百光洋數字的後面，注有三個小字：「塞狗洞。」

「立即詳細查明，拿到證據，交軍法處懲辦！」蔣經國憤怒地做出指示。

整個晚上，蔣經國在床上輾轉，氣惱和自責輪番地圍攻他：任錫章是我親手培養的人，竟敢貪贓枉法；政府工作人員中的貪污、受賄等腐敗行為，比土匪、「三害」的危害還要大！土匪殺人、放火、搶劫，只是局部，而政府官員中的腐敗行為，是借他們手中的權力，去對人民敲詐勒索，對人民的危害程度，比土匪不知要厲害多少倍！他越想越氣。

第二天一早，他搖電話：「楊明，你馬上來。」「主任，有什麼指示？」楊明騎自行車來到蔣經國的辦公室。「任錫章的事落實得怎麼樣？」「蔡百里已經把帳本取回來了，拍了幾張照，正在沖洗，一會兒來向您彙報。」蔣經國滿意地點了點頭。

蔡百里提著公事包，走進辦公室，楊明對他說：「蔣主任等你彙報呢！」

蔡百里將帳本擺在蔣經國面前，翻開已折好的面頁，指著在支出八百銀元的後面的三個小字：「看『塞狗洞』三個字很小。」又從皮包裡取出一張放大的照片。

「馬上送軍法處審理！」蔣經國將帳本推向一邊，他憤怒地站起來，拿著那張放大的照片，「你們看見了吧，民眾罵我們是亂咬亂吃的惡狗呢！我們不懲處貪污受賄的人行不行？軍法處審的情況，要隨時向我報告！」

贛州商界人人看到原來飛揚跋扈的任錫章此刻頭髮散亂，面容憔悴，雙手扣著手銬，衣服發出酸味，站在軍法處一間屋子裡受審……

自任錫章拘捕以來，蔣經國已經數不清得罪了多少人！電話鈴響了，他拿起電話費了好些時間才知道是任錫章兄長打來的：「蔣專員，我弟弟的事我知道，他的所作所為是我管教不嚴，他是我父母最小的兒子，他們都是六十多歲的老人

了，經受不起這樣的打擊。請你看在我年老的父母和我們交往多年的情分上……」對方顯然已經落淚，說不下去了。

「你把任錫章交給我，我沒有教育好他，我應該負責。任將軍，錫章是我信任的學生，論感情，不亞於親兄弟，但現在不是感情用事的時候！」蔣經國斬釘截鐵地回答。

臨下班時，又來了第九戰區司令長官、宜昌行轅主任陳誠的電報，命他將任錫章解到戰區長官部軍法處審理。

「我為什麼要把任錫章交戰區長官部？陳誠好放人？任錫章不是戰犯，用得著戰區長官部來管？」蔣經國氣惱地想：「不管他，誰來求情也不行！」

「蔣專員！」軍法處法官蔣善初，來到他的辦公室。

「拿出處理的意見來了？」蔣經國小聲地問。

「是量了死刑意見。」他送上案卷，「您看看」。

「明天早晨來拿吧。」

他思想激烈鬥爭了一夜天，「我不能只對他們幾個人負責，我的權利和義務是對贛南一百六十萬人民負責！」最後他以極其沉重的心情簽上了大名。

第二天早晨他對蔣善初交待：「執行以後，好好安葬，對他的妻子女兒，要妥善安排！」

婉轉批評受感動

蔣經國在贛州任專員時曾兩次寫信給部下、贛州縣警察局長楊安中。

第一封信為蔣經國親筆，信中含蓄地批評楊安中捉賭時繳獲了人家腳踏車，又想強賣給他人，索取高價。蔣經國在信

中寫道：「你是聰明人，大概可以想得到為什麼我要寫這張紙條給你。無錢用，可以向我借，不要去亂想辦法。」

這種善意婉轉的批評和教育，使楊安中萬分感動，他更加努力地去貫徹執行蔣經國治理贛州的政令，為實現蔣經國當時的抱負而效力。

第二封信是蔣經國的簽名信，信文疑為秘書章亞若所寫。信中說：「安中吾弟，今日因家事赴浙，關於警局事未能詳談，甚覺不安，惟望吾弟努力工作，以大無畏精神衝破一切惡勢力，預祝事業之成功，並祝健康，一切面談。」

這是蔣經國匆忙離贛時，留給楊安中的信，主要是對其的勉勵和鞭策。此後，楊安中一直追隨蔣經國，直至客老臺灣。

自撰「家訓」同抗日

蔣經國還親自撰寫家喻戶曉的韻文〈贛南家訓〉：

東方發白，大家起床。洗臉刷牙，打掃廳房。天天運動，身體健康。內外清潔，整齊大方。時間寶貴，工作緊張。休息睡覺，反省思量。吃飯吃粥，種田艱難不忘。穿衣穿鞋，要從辛苦作想。事事宜先準備，免得臨時慌張。春天栽樹木，夏日造穀倉。秋收多儲藏，冬季種雜糧。夏衣春天做，冬衣秋季量。天晴修房屋，天雨補衣裳。戶戶養雞鴨，家家畜牛羊。處處要節約，無事當作有事防。時時要儲蓄，有錢應作無錢想。青菜豆腐最營養，山珍海味壞肚腸。服裝器具用國貨，經濟耐用頂適當。父母教子女，兄長教弟妹。勿貪錢勿說謊，戒煙戒賭莫遊蕩。生活要刻苦，婚喪勿鋪張。待人要誠

懇，做事要有常。態度宜從容，舉止要端莊。友愛兄弟，孝敬爺娘。妯娌和睦，一家安祥。不聽閒話，自己有主張。不管閒事，埋頭幹一場。禍從口出，休要說短論長。病從口入，衛生不可不講。做過善事，不記心上。受人恩德，永久不忘。遇困難，不彷徨。處順境，不誇張。做好事，莫宣揚。做壞事，莫隱藏。人家急難相援助，人家成功要讚揚。口角訴訟，兩敗俱傷。大家規勸，互相幫忙。引誘親友做壞事，欺人欺己昧天良。甘心賣國做漢奸，辱祖辱宗害親房。不論農工商學兵，都做堂堂好兒郎。政府機關去服務，多求進步圖自強。犧牲個人利益為國家，放棄一時安樂為民族。男女老少愛軍訓，全體動員拿刀槍。人人都是中國兵，個個都去打東洋。困難已當頭，戰事正緊張。日本鬼子不消滅，中華兒女無福享。有錢快出錢，有力快出力。壯丁去當兵，老人看家鄉。婦女耕田地，兒童上學堂。大家一條心，擁護蔣總裁。趕走日本鬼，共賀大勝利，建立新中華，萬歲萬歲萬萬歲！

各縣幹部為了認真做好推廣〈家訓〉工作，八仙過海，各顯神通：有的縣、區長自己帶頭先背，再隨時檢查群眾；有的在要道設卡，行人過路，分段背誦，有的規定青年男女結婚，先要背出。

首次被譽「蔣青天」

贛南新政的激進改革，雖然一度被國民黨保守勢力指責為「赤化」，是「蘇聯社會主義的中國版」，但是讚揚、支持

者也大有人在，認為給已陳腐的國民黨統治帶來了一番新氣象，注入了新活力。在這一過程中，蔣經國「強人」之勢初顯，引起國民黨各派的廣泛注意和高度重視，為他由地方至中央、由贛南走向全國贏得了政治資本。

蔣經國初到贛南，就作出了顯著的成績，為此得到蔣介石的大加讚賞。同年十月，蔣介石寫信給蔣經國：

> 經兒知之：十三日來稟誤寫為「三十」，想以事忙所致。建立新贛南提綱草案，大致可用，間有字句不妥之處，已加修改；托俞秘書另函寄還，待收到後酌量改正。惟做事應注重當地實際工作，不必施以對外宣傳；以吾子愈能隱藏，則愈不受人忌嫉，亦即吾家愈能積德種福，亦即所以報答祖先之福澤，為後世子孫多留餘蔭也。此乃壯年人，尤其汝等不可不知也。

1940年，蔣經國正式公布「新贛南建設三年計畫」，提出了建設新贛南五大目標、新贛南人四大要件即：理想政治、現代國民、新的人生觀、新贛南家訓、官民合作公約等九項具體措施。蔣經國說，它體現了「中國將來所應走之理想路線」，它所規定的各項方案就是要使「中國未來之建設，能在贛南首先獲得實驗。」在這個「三年計畫」取得一定成效後，蔣經國又推出「新贛南建設五年計劃」。終因日軍竄犯贛南而終止。在這期間，他又參與其父發動的「十萬青年從軍運動」，組建了青年軍，為抗日前線輸送了新鮮血液。

蔣經國在贛南推行新政，雄心勃勃。他的目標很明確，就是要在贛南這塊「試驗田」內搞出一個國民黨的樣板來，以抵毀中國共產黨在全國的深刻影響。他經常將「新贛南」同當

時享譽中外的革命聖地陝甘寧相比，向外界宣傳說：「共產黨有陝北，國民黨有贛南，誰成功，誰失敗，以後看！」

在蔣經國的治理整頓下，原來落後混亂的贛南，給人以耳目一新之感，「蔣青天」的稱號竟成為一時之譽。

1942年6月19日蔣介石給蔣經國致信勉勵道：

> 兒任專員已三載，人民愛戴，建設進步，時用快慰！惟人生立志全在日新月異，自強不息；切勿因譽生驕，蓋善始者實繁，而克終者甚寡，不能不深警惕，勉為人子也。

1943年12月，蔣經國被蔣介石調到重慶任職，八年抗戰，六年贛南，這是他日後發跡的起點。

十、經若戀情

蔣經國到江西贛南任職後，又愛上了女秘書章亞若，不久還生了一對雙胞胎兒子，這讓蔣介石頗傷腦筋，以致後來動了殺機，將章亞若秘密毒死在廣西桂林醫院裡。

從此，章亞若這個名字和她的往事，就像白娘子押進雷峰塔裡那樣，被人為地封閉在黑暗恐怖的鐵幕內；她的所有知情好友和親屬，都長期小心翼翼地緘口度日，不敢談及她與蔣經國的戀情，更害怕外露她的屈死；原在贛州工作的桂昌宗、桂昌德兄妹，以及鹽務幹部王制剛，因曾受蔣經國之託去桂林照料過章亞若或護送過雙胞胎，深知她的猝死經過，亦被調到外地去了；連剛剛開始咿呀學語的麗兒、獅兒，也不能回到他們母親生前工作和居住過的贛州，而由三姐協助帶養這兩個小兄弟的章亞梅，直接從桂林抱到萬安縣城，同早兩天才由贛州遷居在那裡的章母周錦華相會合，過著與外面世界隔絕的鄉鎮生活。

章亞若之謎被整整封閉了四十七年，孤獨在九泉四十七年，方由她的「志氣不移」的學生子麗兒、獅兒——學名叫章孝嚴、章孝慈的奮發努力，刻苦攻讀，一個成為臺灣學界巨擘，一個步入政界要位，才將母親的身世大白於天下。

時機是蔣經國的去世和島內新聞解禁。

從1989年起，章亞若的名字才得以重見天日，她和蔣經國的愛情故事，以及她的猝然冤死，也開始曝光，再也不是親友們噤若寒蟬的話題了；無論是當事人還是後來的同情

者，都要為心地善良、愛國上進而又死得冤屈的章亞若說幾句公道話了。

因此，臺灣、香港的報紙書刊上，有關這類黑幕軼聞，突然間，便像海潮般一浪接一浪地湧現在公眾面前。

在內地幾乎也一樣，甚至連內部發行的新華社《參考消息》都連日轉載了臺灣文章。

……

> 章亞若，江西萬安縣人，生於1913年，其父是20世紀30年代南昌城內頗有名氣的職業律師。章亞若肌膚較白，齊髮圓臉，聰明活潑，能歌善舞。她少年時代在南昌念書，進入南昌女中後，其天才日漸顯露，她各門功課均好，國文尤其優秀，寫詩作畫，朗誦歌唱，無一不能，成為全校師生公認的校花。

遺憾的是，章的母親周錦華受舊思想的影響，早早將她許配給其表兄、南昌高等法院法官唐英剛。1928年冬，十五歲的章亞若與唐英剛結婚，兩年後，生了兒子唐遠波，又過兩年再生二子唐遠輝。

章亞若雖給唐英剛連生了兩子，因性格不合，兩人感情並不是很好。唐英剛思想保守，性格溫和，話語極少，除了上班，很少外出。章亞若少女時代讀書的南昌女中，系教會所辦，正在成長的章亞若受外國教師的影響甚大，從思想到生活，與一般女孩不同。她與唐英剛結婚後，仍然經常外出與其他男人跳舞、聚會、看電影、唱新戲。唐英剛對章亞若的行為難以接受，經常指責，干預外出，這樣，夫妻之間的裂痕愈來愈深。

1936年的一天，唐英剛與章亞若發生爭吵後，在極度痛苦中自殺。唐英剛一死，年輕的章亞若在唐家待不住了，丟下兩個孩子回到娘家。

二十世紀三〇年代末，日軍打到江西，章家幾經輾轉，遷到江西南部重鎮贛州市。那時，章家人口較多，每天開支甚大，為了生活，章亞若的母親便動員兒女們各顯神通，自謀職業。章亞若此時雖然經歷了一次失敗的婚姻，但也只有二十三歲，加上她有文化，人又長得漂亮，很快被蔣經國看中，將她調到自己主持的「三青團江西支部訓練班」工作。「三青團訓練班」一結束，蔣經國、章亞若就走得更近了。

蔣經國與章亞若的婚外情，很快被其手下察覺，沒過多久，此消息傳到了蔣介石、陳立夫的耳朵裡。

對兒子的婚外情，蔣介石起先並未太重視。可陳立夫對此事有不同看法，原因有二：其一，蔣經國當年去贛南，是他提的建議，現在蔣經國出了問題，他覺得自己有責任和義務幫其改正。其二，蔣經國係國家總統的兒子，蔣家人的言行，即使是私事，對社會、國家均有影響。

此外，陳立夫在政治上雖然歪門邪道、心狠手毒，但在男女關係方面卻又相當規矩。他恐怕是國民黨陣營中極少數不拈花惹草的高官之一，吳稚輝、于右任曾讚揚過他的操守。他對國民黨高官操守不好、道德敗壞者十分痛恨，管不了的他沒有辦法，管得了的他一定要管。

1942年春，章亞若在桂林為蔣經國生下兩子，章亞若考慮，不應該使她和孩子的身份不明不白，要名正言順成為蔣家的人，她對蔣經國談了自己的想法，對章亞若提的這個問題，蔣經國不敢答應。

為了使兒子不受社會輿論譴責之苦，蔣介石決定將蔣經國調回重慶。對遠在桂林的章亞若，蔣介石萌生了一個極其毒辣的謀劃——殺死。

　　誰去處理這件事呢？蔣介石想來想去，覺得最好是交給陳立夫去辦。

　　陳立夫從蔣介石那裡出來後，立即召來中統特務頭子顧建中，密謀了秘密處死章亞若的方案。其方法和步驟是：既不槍打，又不用刀刺，派兩名特務到桂林用重金買通省立醫院的醫生或護士，利用給章打針的機會，將毒藥倒在針劑中，一起注入章的肌膚，將其毒死。

　　1942年11月，兩名特務到達桂林。他們偵察了章亞若的所有情況，包括住地、經常去的地方、接觸的人等，然後成功地收買了省立醫院內科一姓王的醫生。

　　一天，章亞若的一個友人請客，請章出席。回家後，章亞若突然頭痛胸悶，上吐下瀉，臉色蒼白，親友們見狀，連夜將她送往省立醫院救治。就在這時，醫院的王醫生突然出現了，他走進章亞若的病房說：「晚上還要給章亞若打一針。」到了晚上，王醫生來到章亞若病房打針，他先給章亞若注右手，覺得不方便，然後再打左手，針抽出不一會兒，章亞若感到揪心似的難受，大叫了一聲：「啊喲」，就不省人事，閉上了眼睛，手腳掙扎了一陣後，就再也不能動了。醫院的醫生、護士都來了，經全力搶救，仍無濟於事，醫院給她診斷的結果是「血中毒」。

　　章家的人都感到章亞若死得不正常，因怕再遭毒手，帶著章亞若的兩個孩子連夜逃走。

　　事後，陳立夫將此事直接告訴了蔣經國，並且說是遵照其父的意思做的，旨在維護他的形象，使他將來有個好前途。

蔣經國得此消息，心中十分苦痛。據日本著名學者小谷豪治郎1990年4月在臺灣出版的《蔣經國先生傳》中說，蔣經國對章亞若的感情很深，他得知章亞若的死訊時，哭過好幾場，而且眼睛哭腫了，為了掩飾，他還特地叫人去買了一副黑眼鏡戴上。直至1988年彌留之際，還呼喚著她的名字。

　　……

　　到了1993年9月5日，已任臺灣東吳大學校長的章孝慈，毅然卸去「錦衣」、「朝服」，改穿布衫還鄉，代表兩家九口，默念「外婆吾父魂應相隨」，第一次回到桂林，三拜九叩首，跪在母親大人墳前，聲淚俱下地祭祀亡靈：

祭母文

維

癸酉年九月五日孤哀子孝慈謹具鮮花清醴叩祭於母親大人之靈前曰：嗚呼

劬勞我母	生於憂危	萬方多難	世局崩離
孿生二子	孝嚴孝慈	撫養六月	駕返瑤池
外婆母舅	父母職司	播遷台島	潛隱鄉居
饔餐不繼	清貧自持	身世守口	兄弟莫知
漸長聞事	母德春暉	思母喚母	音容依稀
出入遊處	心忍無歸	晨昏雨夜	倍思庭幃
人逢佳節	團圓可期	惟我兄弟	益感傷悲
我有手足	猶堪扶支	黃泉我母	存問憑誰
人等視我	身份殊奇	我倆自視	常人無疑
負笈遊學	志氣不移	幸蒙庇佑	不辱門楣
兩岸解禁	探親交馳	桂林母墓	念茲在茲
我與兄長	皆有兒女	兩家九口	獨我來斯

外婆吾父　魂應相隨　焚香祝禱　無盡哀思
人言生死　天命有常　我憐我母　難忍情傷
善果報應　證之行藏　我悲我母　九回斷腸
靈兒有鑒　幽夢還鄉　我思我母　山高水長
哀哉
尚饗

　　這篇祭母文情真意切，字字血淚，傾注了孝慈平生對母
親之深情，堪稱虔心之佳作。他在誦讀時幾度泣不成聲，在場
親友極受震撼，或潸然淚下，或痛哭不止，場面十分悲壯。

十一、中蘇條約

　　1945年夏，蔣經國隨宋子文赴蘇聯簽訂《中蘇友好同盟條約》，後來他作了以下回憶：

> 一世紀來，我們中國的積弱，固然由於太多人民失卻了「民族自信心」，但重要的，也還是由於列強帝國主義對於我們不斷的侵略和壓迫──尤其是比鄰的日、俄兩國，更迭為害。日本沒有力量的時候，俄國就來了；俄國打敗了，日本就起來；現在日本倒下去了，又成了俄國人的天下──真是『前門拒虎，後門進狼』。
>
> 俄國對於我們的侵略，到了史達林時代，登峰造極。史達林的侵略主義，是繼承俄國的歷史傳統，他的政策，可以說就是執行彼德大帝的政策。什麼「社會主義」，「共產主義」等口號，不過是欺人的幌子罷了。
>
> 民國三十四年二月，羅斯福總統與史達林訂了《雅爾達協定》。我們當時為著打退壓境的強敵──日本，只好委曲求全，根據《雅爾達協定》，和蘇聯政府談判，簽訂了《中蘇條約》。
>
> 民國三十四年，美國還沒有把《雅爾達協定》公布以前，我們政府已經派員到莫斯科去進行中蘇談判，我也參加了。第一次和史達林見面，他的態度非常客氣；但是到了正式談判的時候，他的猙獰面目就顯露出來了。

我記得非常清楚，當時史達林拿一張紙給宋子文院長，態度傲慢地說：「你看過這個東西沒有？」宋院長一看，知道是《雅爾達協定》，回答說：「我只知道大概的內容。」史達林強調說：「你談問題是可以的，但只能拿這個東西作依據，這羅斯福簽過字的。」我們既然來到莫斯科，就只好忍耐和他談判了。談到中間，有兩點雙方爭執非常激烈：第一，根據《雅爾達協定》，有所謂『租借』兩個字眼。父親給我們指示：「不能用這兩個字，這兩個字，是帝國主義侵略他人的慣用語。」第二，我們認為，所有的問題都可以逐步討論，但是必須顧到我們國家的主權和領土的完整。後來，史達林同意不用「租借」兩個字，對於中東鐵路、旅順、大連這些問題，也肯讓步，但關於外蒙古的獨立問題——實際就是蘇聯吞併外蒙古的問題，他堅持不退讓。在我以私人資格去見史達林時，史達林問我：「你們對外蒙為什麼堅持不讓他獨立？」

我說：「你應當諒解，我們中國七年抗戰，就是為了把失土收復回來，今天日本還沒有趕走，東北臺灣還沒收回，一切失地，都在敵人手中；反而把這樣大的一塊土地割讓出去，豈不失卻了抗戰本意？我們的國民一定不會原諒我們，國民一定會起來反對政府，那我們就無法支持抗戰；所以我們不能同意外蒙古歸併給俄國。」

我說完之後，史達林就接著說：「你這段話很有道理。不過，你要曉得，今天並不是我要你來幫忙，而是你要我來幫忙；倘使你本國有力量，自己可以打敗日本，我自然不會提出要求。今天你沒有這個力量，還要講這些話，就等於廢話！」

說時態度非常倨傲，露骨地表現出帝國主義者的真面目。我問他：「你為什麼一定要堅持外蒙古獨立？外蒙古占地雖大，但人口很少，交通不便，也沒有什麼出產。」

他乾脆地說：「老實告訴你，我之所以要外蒙古，完全是站在軍事的戰略觀點而要這塊地方的。」他並把地圖拿出來，指著說：「倘使有一個軍事力量，從外蒙古向蘇聯進攻，西伯利亞鐵路一被切斷，俄國就完了。」

我又對他說：「現在你用不著在軍事上有所憂慮，日本打敗之後，他不會再起來，他再也不會有力量佔領外蒙古，作為侵略蘇聯的根據地。你所顧慮從外蒙進攻蘇聯的，日本以外，只有一個中國，但中國和你訂立《友好條約》，即使中國要想攻擊你們，也還沒有這個力量，你是很明白的。」

史達林立即批評我的話說：「你這話說得不對。第一，你說日本打敗後，就不會再來佔領外蒙古打俄國，一時可能如此，但非永久如此。如果日本打敗了，日本這個民族還是要起來的。」

「再則，你還有一個錯誤，你說，中國沒有力量侵略俄國，今天可以說這個話；但是只要你們中國能夠統一，比任何國家的進步都要快。」這的確是史達林的「肺腑之言」，他所以要侵略我們，還是害怕我們強大起來。

最後，經過多次談判，《中蘇友好條約》終於簽訂了。不過，父親當時對於簽訂這個條約，有個原則的指示：「外蒙允許獨立，但一定要注明，必須經過公民投票，並且要根據三民主義的原則來投票。」這原則，史達林總算是同意了，但史達林說過：「條約是靠不住的。」

十二、上海「打虎」

　　1948年8月19日，蔣介石實行幣制改革，用金元券大刮民財。為了不讓金元券貶值，穩定早已失去的民心，特令蔣經國為上海金融特派員。幣制改革之初，蔣經國法出令行，果真轟轟烈烈地打起「老虎」來。他接連召見上海經濟界的頭面人物劉鴻生、榮毅仁、錢新之、李馥蓀、周作民、杜月笙等人，軟硬兼施，要他們擁護政府措施，交出全部黃金、外匯，否則勒令停業；甚至聲色俱厲、拍桌大罵，揚言：「你們不要敬酒不吃吃罰酒，誰手中有多少黃金美鈔我們都清楚，誰不交，就按軍法辦理！」上海青年服務總隊也四處出動，設立崗哨，檢查行人；並與警察局、警備司令部人員混合編隊，組成許多三人或五人小組，檢查商店、工廠和倉庫，登記囤積物資。對違反規定者，蔣經國採取了嚴厲措施。米商萬墨林、紙商詹沛霖、申新紗廠大老闆榮鴻元、中國水泥公司常務董事胡國棟、美豐證券公司總經理韋伯祥等六十餘人，均因私套外匯、密藏黃金、囤積居奇、投機倒把、被捕入獄；榮、胡、韋三人後經人疏通，分別罰款一百萬、三十萬和三十五萬美元，才得以交保獲釋。連上海大亨杜月笙的兒子杜維屏也因「囤貨炒股」的罪名被捕入獄，判了八個月的徒刑；財政部秘書陶啟明因洩漏經濟機密也被判刑。蔣經國還大開殺戒，以貫徹他「用人頭平物價」的主張，藉此威懾人心。林雪公司經理王春哲因私套外匯被處死，報上還登了王被處死的大幅照片；上海警備司令部科長張亞民、大隊長戚再玉因勒索罪被槍

決；後來還殺了破壞經濟管制的憲兵大隊長姜公美。蔣經國還殺氣騰騰地宣稱：「在上海應當不管你有多少財富，有多大勢力，一旦犯了國法，就要毫不留情地送你進監獄，上刑場！」

蔣經國的「鐵腕」暫時發揮了作用，上海的投機市場大有談虎色變之勢，物價在一個時期內保持了穩定，岌岌可危的財政金融危機也似乎有所緩和，一時輿論出現了一片讚揚之聲。有的報紙稱蔣經國是國民黨的救命王牌；有的甚至稱頌蔣經國為「蔣青天」、「活包公」；有的外國記者則稱之為中國的「經濟沙皇」。

青幫大亨杜月笙為救兒子，決定使出殺手鐧，他派人暗地作了調查，然後在蔣經國召開的一次會上破釜沉舟地說：「我的兒子觸犯法紀，罪有應得，我管教不嚴，也甘領應得之處分，但請一秉至公，平等據理，據我所知，揚子公司所囤積的紗布等物資，遠遠超過維屏等各家，洩露機密的情況也遠為嚴重，請專員立即派人去查看，萬勿聽其逍遙法外，如此，才萬眾心服口服了。」蔣經國當著眾人之面被「將了一軍」。於是他馬上派戡建隊前往搜查，結果，證明杜月笙揭發完全符合事實，於是，當場把公司的主持人孔令侃給扣了起來。

孔令侃是財政部長孔祥熙的長子，他憑藉權勢，在抗戰後以處理「剩餘物資」為名發了大財。《財政經濟處分令》頒佈前後，揚子公司再次以非法手段大肆賺錢。如今撞到蔣經國的槍口上，他連忙向南京的姨媽宋美齡求救。宋美齡專程到滬，乘中秋節把蔣經國、孔令侃約到永嘉路孔宅面談，企圖緩解兩人關係。宋美齡勸說道：「你們是表兄弟，我們一家人有話好說。」蔣經國對孔令侃說：「希望你照顧大局！」孔大吼一聲說：「什麼？你把我公司都查封了，還要我照顧大

局？」最後兩人大吵起來。蔣臨走時說：「我蔣某一定會依法辦事！」孔令侃回答：「你不要逼人太甚，狗急了也要跳牆！假如你要搞我揚子公司，我就把一切都掀出來，向新聞界公布我們兩家包括宋家在美國的財產，大家同歸於盡！」宋美齡一聽，頓時臉色發白，手腳發抖。見他們不聽勸告，各走極端，只好連忙急電給在北平的蔣介石，說上海出了大問題，要他火速乘飛機南下。

當時，北平形勢緊張，蔣介石正在北京主持軍事會議並親自督戰，聞訊後立刻要傅作義代為主持，自己即乘飛機赴上海。傅作義對此極為不滿，對人說：「蔣先生不愛江山愛美人！」

蔣介石一到上海飛機場，宋美齡即帶孔令侃首先登機，搶先向他告了蔣經國的狀。然後警備司令宣鐵吾、市長吳國楨陪同蔣經國及蔣氏夫婦到達天平路蔣宅，大家正準備坐下來向蔣彙報情況並聆聽指示，宋美齡卻宣布：「總統長途南下，很疲勞了，一切事情明天再說。」蔣經國及文武官員只得悻悻而退。經宋美齡向蔣介石多方說明原委，謂兩家屬於姻親，有共同利益，家醜不可外揚等等，得到蔣的首肯。第二天蔣介石召蔣經國進見，痛罵一頓，訓斥道：「你在上海怎麼搞的？都搞到自己家裡來了！」要他立即打消清查揚子公司一事。父子交談不到半小時，蔣經國出來時一副垂頭喪氣之色。接著，蔣介石又召見上海文武官員，親自為揚子公司開脫說：「人人都有親戚，總不能叫親戚去丟臉，誰又能真正鐵面無私呢？我看這個案子打消了吧！」大家一聽此言，只得唯唯諾諾而退。

曾經轟動一時的上海經濟管制只維持了七十天。被人為控制的物價又開始以更驚人的速度扶搖直上，金元券價值一落千丈，很快變成廢紙，到處是瘋狂的人群和搶購狂潮，許多人

被擠死、踩死，情況混亂到了極點，一副「世界末日」的景象。10月31日，南京政府行政院被迫宣布將限價改為抑價，行政院長翁文灝、財政部長王雲五相繼辭職，國民黨的經濟管理政策宣告徹底破產。

隨著經濟管制政策的失敗，蔣經國在上海的使命也宣告結束。結束那天，蔣經國前往上海廣播電臺發表廣播講話，他以沙啞、悲哀的聲調宣讀了《告別上海市父母兄弟姐妹書》，向上海市民致以深切的歉意，並向大家告別。宣讀完畢，蔣經國黯然淚下……上海「打虎」的鬧劇至此落幕。

十三、密運黃金

　　1948年底，國民黨政權敗局已定，蔣介石開始安排後路，為日後退踞臺灣進行一系列人事安排。

　　12月29日，國民黨「中常會」通過決議，任命蔣經國為臺灣省黨部主任。1949年1月5日，任命陳誠為臺灣省政府主席。1月21日，蔣介石宣布引退，李宗仁出任代總統。

　　據蔣經國在贛南做專員時任秘書的漆高儒回憶：「從1949年年初，蔣介石『下野』退居溪口，到年底從重慶撤退到臺灣，小蔣一直以蔣介石私人代表的名義四處奔走，為老蔣做了許多當時他不便出面的工作。這時，蔣介石的命令已經大打折扣，蔣經國幾乎是到處打躬作揖求人。」

　　《蔣經國記事年表》記載：「1949年2月12日，奉蔣總裁令，致電參謀總長顧祝同，請其通知青島駐軍司令官劉安祺，在未奉命令之前，暫勿撤離。」4月6日，「奉蔣總裁令：對中共黨部就和談事轉達補充下列指示，1、和談必須先訂停戰協定。2、中共何日渡江則和談何日停止，其破壞責任由共方負之。」

　　1949年2月上旬的一天，曾任上海市市長、財政部長、中央銀行總裁、時已辭職在香港逗留的蔣介石親信俞鴻鈞，突然接到蔣介石從溪口發來的電報，要他將國庫中的黃金密送臺灣。俞鴻鈞接電後立即與臺灣省主席陳誠聯繫，密商運送事宜。

2月18日黃昏，一艘外表破舊的海軍軍艦，停泊到了上海外灘中央銀行附近的碼頭旁邊，附近的街道實行戒嚴。午夜時分，在一片濛濛細雨中，一群由海軍士兵化裝成的民工進入中央銀行，不聲不響地將一箱箱黃金運上了軍艦，凌晨四時許，裝運完畢，這艘軍艦駛向吳淞口，以最快的速度向東南方向駛去，二十日中午抵達臺灣基隆港。

隨後幾天，還是這艘軍艦將中央銀行的美鈔、銀元從上海運到廈門，數天後轉送到臺灣，都由陳誠接管。

蔣介石在收到清單後，突然想起還有一箱珠寶存放在中央信託局，立即命令侍奉在自己身邊的蔣經國迅速辦理此事。蔣經國在上海「打老虎」時知道它的藏處，蔣經國領命後立即潛入上海。然而他的行蹤和目的很快被李宗仁的手下偵探獲悉，李宗仁立即下令中央信託局妥善保存，沒有他的手諭，任何人不得動用，並將保護這箱珠寶的人調到香港。蔣經國無功而返，就勸蔣介石說：「據我所知道的情形，這一箱珠寶已用了不少，剩餘的東西，僅值二、三十萬美金，我們何必為此區區之物，同人家傷和氣。」蔣介石聽了非常生氣，罵道：「娘西匹，你懂什麼，到了臺灣，當軍隊糧款發不出的時候，就是一塊美金也是好的呀！」

據有關資料統計，蔣介石退踞大陸前共運出外幣約合八千萬美元，黃金九十二萬市兩（其中兩萬兩屬蔣介石私人），銀元約三千萬元。

與此同時，宋、孔兩大家族也偷偷地將他們在大陸搜刮的財富近二十億美金存入美國的花旗和大眾銀行。

蔣經國曾回憶說：「政府在遷來台的初期，如果沒有這批黃金來彌補，財政和經濟情形，早已不堪設想了，哪裡還有今天這樣穩定的局面。」

據《人民日報》1990年1月8日公布：國民黨撤離大陸前，先後三批實際運去臺灣的黃金共277.5萬市兩，銀元1520萬元。這部分黃金、銀元對於穩定臺灣社會與發展經濟都起了十分重要的作用。

十四、「太子軍」變

　　1949年3月初的一天，在溪口的蔣經國連發三封電報，給在浙江嘉興的預幹團團長賈亦斌，命其速到溪口面見蔣介石。

　　當天傍晚，賈亦斌趕到溪口，住進了武嶺學校的一個房間。當晚，蔣經國沒有露面。翌日清晨，預幹團的上校主任秘書樓錫源突然悄悄走了進來，他是先期來溪口謁見蔣經國的，見左右無人，樓錫源對賈亦斌低聲說：「已經有人向蔣先生告密，說你有思想問題，準備帶隊伍投共。今天上午八點，小蔣先生要找你談話，談得好沒有事，談得不好就別想回去了。」他說完這番話，即匆匆離去。

　　這天上午八點，蔣經國果然派人來約賈亦斌到豐鎬房二樓的會客廳見面。兩個多月不見，蔣經國已經從「打老虎」失敗後的頹喪狀態中恢復過來。只是這次見面，彼此之間已經沒有了往日朋友一般的溫情，蔣經國冷冷地打量著賈亦斌，劈頭就問：「聽說你在嘉興待的時間很久呀？部隊怎麼樣？」

　　賈亦斌平淡地說：「時間不長，只有兩個星期，部隊思想問題很多，官兵們都很想念領袖，能不能請領袖去訓訓話，以安軍心？」

　　蔣經國乾脆回答：「不可能。」

　　賈亦斌不動聲色：「領袖沒空，你能否去？」

　　蔣經國有些不耐煩地說：「我沒空。」

　　談話的空氣顯得有些緊張起來，蔣經國沉默了一會兒忽然漫不經心地說：「預幹團開往福建。」

賈亦斌心裡一驚，知蔣經國這是用突然襲擊的辦法試探自己。他毫不猶豫地回答：「好！我馬上回去帶部隊開往福建。」

蔣經國揮了揮手說：「你還不能走，領袖還有重要的事要找你談談，你可以住幾天，今天就談到這裡。」說完立即起身送客。

隨後的幾天，蔣經國每天都派他的機要秘書蕭濤英來陪賈亦斌遊山玩水。說是遊山玩水，實際上是對賈亦斌監視考察。

每天就這樣無所事事地閒逛，根本不見蔣家父子的蹤影，這情景，分明是已被軟禁。賈亦斌與外界的聯繫完全切斷，嘉興方面的消息一無所知，此時如果嘉興稍有風吹草動，他就別想脫身了。

三四天之後，蔣經國突然通知賈亦斌：「今天晚上，領袖請來了上海京劇團，在武嶺學校演《龍鳳呈祥》，約你和我們全家一起看戲。」

來到武嶺學校的劇場，賈亦斌看見蔣介石已經坐在第一排的沙發上，他的長孫和孫女分坐在他兩旁，賈亦斌與蔣經國夫婦同坐在第二排，身後站滿了侍衛。

一直到劇終，蔣氏父子對賈亦斌一直沒有特別的表示。

賈亦斌明白，這「戲」演到這裡，已經到了「笙歌歸院落，燈火下樓臺」的時候，蔣氏父子沒有找到自己「通共」的證據，考察也該告一段落了，然而蔣經國似乎還沒有放賈亦斌回去的意思。

3月11日上午，賈亦斌照例在蕭濤英的陪同下遊山玩水，自雪竇寺妙高臺下山的途中，賈亦斌猛然看見蔣經國正陪著閻錫山朝山上走來。蔣經國看上去情緒很好。賈亦斌徑直走到蔣

經國的跟前說：「我已經到這裡近十天了，溪口的風景也都玩遍了，我想回嘉興為部隊開往福建作些安排。」

蔣經國盯住賈亦斌的眼睛，兩人沉默著對峙了好幾秒鐘，蔣經國大有深意地朝賈亦斌點點頭說：「好吧，你可以回去了。」

當天賈亦斌離開溪口，經寧波到了上海。

賈亦斌從溪口回到上海的第二天，段伯宇（蔣介石的少將參謀、地下黨員）、李正文（上海局地下黨策反委員會領導人）、賈亦斌、段仲宇（上海港口副司令）、劉農田俊（國民黨傘兵三團團長）、宋健人等人在小白樓召開起義前的又一次準備工作會議。

會議最後決定，預幹團與傘兵三團兩支部隊的起義日期都暫定在四月中旬。

3月15日，賈亦斌還沒來得及回嘉興，預幹總隊的大隊長李愷寅就派聯絡員張維帶來緊急消息，國防部已經正式下達了命令，撤銷賈亦斌預幹局代局長、預幹團團長、預幹第一總隊隊長的全部職務。預幹第一總隊隊長職務由副隊長黎天鐸接任。

撤銷賈亦斌總隊長職務的消息傳到嘉興預幹總隊駐地，立即引起一片大嘩，學員們一致抗議，自行罷課、罷操，學員裡還有人公開揚言，要上南京請願，有的甚至表示要上山打遊擊。新任總隊長黎天鐸只好派人請賈亦斌回嘉興出席歡送大會，並決定聘請賈亦斌作為預幹總隊的「名譽總隊長」。上海地下黨組織研究後決定讓賈亦斌順水推舟，接受黎天鐸的邀請前往嘉興，一是為了避免事態鬧大，引起敵人更多的警惕和防範，二是為了提醒骨幹力量，注意鬥爭策略，隱蔽實力，伺機而動。

賈亦斌參加完嘉興預幹隊的歡送大會後回到上海，住進吳宮飯店，隨即便發現有特務跟蹤盯梢。他設法擺脫了尾巴，急急忙忙地來到秘密接頭點寶山路1號小白樓。

上海地下黨組織決定立即發動預幹總隊起義，策應解放軍渡江。起義日期確定在4月15日。

4月2日午夜，在段仲宇的護送下，賈亦斌偕同副官孫效武來到上海西站，在混亂中從視窗爬上火車，秘密前往嘉興。

4月5日晚，李正文從嘉興趕回上海，立即來到寶山路1號小白樓，他萬分焦急地告訴段仲宇：「起義的機密洩露了，嘉興方面的情況，十萬火急。」

這一天，李正文按照事先的約定，來到嘉興，聽取賈亦斌有關起義工作的彙報。他們在車站前的一家藥鋪見了面，隨即步行到南湖，登上遊艇。賈亦斌心情沉重地對李正文說：「起義的消息洩露出去了，目前起義工作已經大體準備就緒，為了不喪失時機，請黨組織批准我採取緊急措施，提前起義。」

原來4月4日深夜，賈亦斌召集了三十多名預幹總隊的骨幹到嘉興秀成橋的一個秘密地點開會，分析形勢，佈置任務。突然，黑暗中有一個湖南口音的學員站起來問：「我們何時行動？到哪兒去？與共產黨有沒有關係？」賈亦斌被問得心頭一驚，忙制止說：「不要問這些問題，到時候會告訴你們。」

會還沒開完，那個問話的學員已經悄悄地溜走了，就這樣起義的消息被洩露給了黎天鐸。

會後不久，就有消息傳來，那個學員是十三中隊的，他已經將會議情況向十三中隊的隊長林蔭報告，賈亦斌一聽，就知大事不好，林蔭是黎天鐸的親戚。

4月7日凌晨，嘉興起義的槍聲打響了。

這次起義的預幹總隊是蔣經國為成立三十個新軍而選拔的幹部，共有四千餘人，是蔣經國的嫡系部隊，老百姓稱之為「太子軍」。這一震撼人心的義舉，立即引起了全國上下巨大的轟動，人們奔相走告：「太子軍起義了！」

十五、最忙「閒人」

　　蔣介石下野後循慣例返溪口老家反思，尋找重返政治舞臺的捷徑。

　　1月21日下午，蔣經國隨其父親乘專機飛抵杭州，當晚下榻筧橋機場的天健北樓。因心情沉重，蔣介石久久不能入睡，便將蔣經國叫到床前，自我解嘲說：「這樣重的擔子放下來了，心中輕鬆多了。」蔣經國聽後感慨萬千。

　　翌日上午十時，蔣介石全家乘專機離杭，三十五分鐘後，飛機降落在櫟社機場，然後乘車進入了于右任親筆手書「武嶺門」三字的故里溪口。

　　與前兩次下野返鄉相比，蔣介石這次重返故里，除了假裝成閒人，破壞和談與另謀東山再起之外，實際上還有向家鄉父老告別的意思。同時他帶領全家（宋美齡在美未歸）返鄉，也有利用在大陸的最後時期，對常年在外的兩個兒子，兒媳及孫輩進行一次鄉情教育，以增進後輩對家鄉和祖宅的印象與感情。

　　返鄉翌日，蔣經國率子女陪蔣介石遊藏山公園。三天後，蔣經國攜次子蔣孝武陪蔣介石登武嶺，蔣介石站在山頂極目遠眺，久久不忍離去。他感慨地對兒子說：「此次下野返溪口故鄉，重享家園天倫之樂，足為平生快事。」

　　除夕之夜，蔣介石全家在豐鎬房團聚度歲，這是蔣介石1913年以來三十六年間，第一次在老家度歲。大年初一清早，蔣經國率妻兒老小上山向父親拜年。正月十五那天，蔣家祠堂上擺了許多桌酒席，蔣介石邀請地方官奉化縣長、武嶺學

校校長和族裡的人及親鄰參加，蔣經國和蔣方良在下敬酒，蔣介石強作歡顏地開言：「今天請諸位來喝杯淡酒，以後麼——」他停了一下，「請諸位到南京去喝。」席間，蔣介石接到密友戴季陶自殺身亡的消息，悲憤異常，酒宴不歡而散。

蔣經國與其父有同感，深覺來日無多，故在溪口期間帶妻子兒女赴葛竹外太婆家掃墓探親，後又到岩頭外婆家掃墓探親。清明節那天，蔣經國率全家陪父到白岩山祭掃蔣母墓，蔣介石在墓前躬身下拜，喃喃祈禱，涕淚橫流，拜畢，連聲囑呼兒孫多磕幾個頭。但蔣經國的俄國妻子蔣方良卻在墓前鞠了一躬，蔣介石大為生氣，斥責「俄國人不懂禮節」。接著，蔣介石又命堂弟蔣周峰及族人挑了祭品到桃坑山祭掃了父親之墓。其後，蔣介石全家還赴寧波南郊柳亭巷祭掃蔣姓祖墳，以示孝心。

於祭祖聯宗的同時，蔣氏父子並未像董顯光所說的「完全置身政治圈外，過著艱苦、寧靜的生活」，而是始終插手政務。

據李宗仁回憶：「為便於控制全國各地一切軍政措施，蔣先生返溪口之後，便在其故里建立電臺七座，隨意指揮，參謀總長顧祝同對一兵一卒的調動完全聽命於蔣先生，他並非是一個普通公民，而是一個世界上『最忙的閒人』。」

蔣經國自蘇聯返國之初，蔣介石還不太相信他，經過此番歷史大動盪與溪口的長伴左右，對蔣經國的從政條件與決策能力予以肯定，決心讓他提前走上接班之路，反復與他商討東山再起之策，每次與心腹要員會談，總讓蔣經國參與意見。

正當父子二人密議統治權術之際，中國人民解放軍在國共談判破裂後揮師南下，4月23日佔領國民黨首都南京，國民黨軍隊兵敗如山倒，浙東地區已有人民解放軍在活動。蔣氏父子害怕家人成為共產黨的俘虜，便派人將方良與兒女送往臺灣，父子二人另做打算。

蔣家妻兒飛離溪口後，父子二人甚感淒涼。蔣經國奉父命令部下準備好船隻，隨時準備撤離溪口，蔣經國當時問其父去什麼地方，蔣介石未予回答。奉命報到的是「太康」號軍艦，艦長黎玉璽問蔣經國此行的目的地何在？蔣答：「我也不知道，不過以這次取水道看來，目的不外兩個地方：一是基隆，一是廈門。」

4月25日，是蔣氏父子在故里的最後一天，上午，蔣經國陪父親辭別先祖母墓，再走上飛鳳山頂，極目四望，溪山無語。「雖未流淚，但悲痛之情，難以言宣。」蔣經國在當日日記上寫道：「本想再到豐鎬房探視一次，而心又有所不忍，又想向鄉間父老辭行，心更有所不忍，蓋看了他們，又無法攜其同走，徒增依依之戀耳，終於不告而別。天氣陰沉，益增傷痛，大好河山，幾至無立錐之地！且溪口為祖宗廬墓所在，今一旦拋別，其沉痛之心情，更非筆墨所能形容於萬一，誰為為之，孰令至之？一息尚存，誓必重回故土。」

下午三時，蔣氏父子拜別祖堂，離開故里，乘車至方門附近海邊，再步行至象山口岸登艦，幾分鐘後，軍艦鳴長笛駛向了波濤洶湧的大海。

當軍艦起錨後，蔣介石才說到上海去，蔣經國聽後立即勸阻其父不能去上海，因為人民解放軍已經渡過長江，正對上海形成包圍之勢，「此時去上海，簡直是重大風險。」蔣經國的勸說未能奏效，蔣介石執意去上海的目的有二：一是不甘心自己的失敗，到反共前線去繼續鼓吹保衛大上海，爭取英美支持；二是督促盜運各種物資，包括最後一批儲備黃金。

26日下午一時，軍艦抵達上海黃浦江的復興島。當天，蔣介石先後面見了國防部長徐永昌、參謀總長顧祝同、空軍總司令周至柔、海軍總司令桂永清、保密局局長毛人鳳、參謀次

長郭寄嶠、上海市政務主任谷正綱、上海市市長陳良、京滬杭警備總司令湯恩伯、上海防衛總司令石覺、上海警備司令陳大慶等人，部署防衛。經蔣介石審查批准：「以三千八百個主碉堡、一萬多座掩體碉堡為主體，由電網、戰壕相連組成上海防衛體系。」蔣經國稱上海防禦為「東方的史達林格勒」，「東方的馬其諾防線」。為給反共戰爭打氣，蔣介石乃以國民黨總裁身份發表了〈和平絕望奮鬥到底〉的講話，宣稱：「當此國家民族存亡生死之交，中正願以在野之身，追隨我愛國軍民同胞之後，擁護李代總統暨何院長領導作戰，奮鬥到底。」

為了進一步鼓動反共士氣，蔣介石將住所搬到市區。蔣經國再次表示反對意見說：「時局已經這樣嚴重和緊張，市區內危險萬分，怎麼還可以搬到市區去住呢？」蔣介石生氣地說：「危險！你知道，難道我不知道？」

4月30日，蔣介石對軍隊將領發表訓話時，一再要求部下堅守上海六個月，等待第三次世界大戰的爆發，屆時必將得到美國的全力保護。他還宣稱他要留在上海不走，「與官兵共艱苦」「要和上海共存亡」。然而當蔣介石言猶在耳之際，隨著人民解放軍進軍上海的步伐加快，蔣氏父子在上海再也待不下去了，遂於5月7日撤離上海，前往舟山群島。蔣介石前腳剛走，人民解放軍便發起了解放大上海的戰役，僅僅用了十三天，被蔣經國稱為「馬其諾防線」的上海已經在人民解放軍的控制之下。

上海失守，「江南半壁業已風聲鶴唳，草木皆兵。」蔣經國在日記中描繪道：「國事不堪設想，只有向天禱告，保護我父的安全與健康。」

五月中旬，蔣氏父子乘坐的軍艦抵達普陀，父子二人棄艦上岸後，直登佛頂山悲濟寺，縱情山水，苦思退計。思之良

久，決計去臺灣重振「復興大業」。五月末，蔣氏父子飛往臺灣。煩悶之餘，蔣氏父子開始擬定防台計畫，以舟山、馬祖、金門澎湖一線為前哨，並確定今後以臺灣防務為第一。此間，蔣介石兩次接到李宗仁和新任行政院長閻錫山來電，要其到廣州「主持大局」。蔣經國覺得「尚非其時，亦非其地」。但蔣介石則不然，他認為復出的時機將要來臨，迫不及待於6月18日復電李宗仁、閻錫山稱：

> 時局艱難，兄等扶顛扶傾，辛苦倍嘗，感佩之餘，時用繫念，辱承約晤，能不遵行？茲擬於短期內處理瑣事完畢，決定行期。

其後，蔣介石在對部下的一次訓話中，解釋他將赴廣州主持大政的理由稱：

> 我是一個下野的總統，論理不應再問國事，一切由李代總統來處理……但想起總理生前的囑託：勉以「安危他日終須仗，甘苦來時要共嘗」的遺言，現在是我黨危難關頭，所以我以黨的總裁地位來領導大家同共產黨作殊死戰。

蔣介石父子一到廣州，立即向當政的李宗仁發起挑戰，蔣介石以國民黨總裁名義頻頻召開會議，並於1949年7月16日成立了國民黨中央非常委員會，政府一切措施必須先經過非常委員會決議通過方可生效。會議推舉蔣介石為該機構主席。蔣介石本為下野總統，此番又從李宗仁手中奪回了失去的權力，以國民黨總裁身份兼任非常委員會主席，再次集黨政軍大權於一身，真正實現了從幕後走向前臺。

十六、血戰金門

當人民解放軍奇取廈門後，對金門島形成包圍之勢。

按照毛澤東的構想，要徹底殲滅國民黨蔣介石集團的殘餘勢力，特別是攻佔蔣介石集團所依託的最後據點——臺灣，須分三步進行。

第一步：建立一支近期可用的海、空軍，爭取到制海、制空權。

第二步：掃除臺灣的周邊屏障，佔領攻取臺灣的灘頭陣地。

第三步：準備在1950年解放臺灣。

攻打金門之戰就是在這種情況下發生的。

金門島位於廈門島以東十公里，主島大金門約一百二十四平方公里，小金門約十五平方公里，周圍還有大擔、二擔等幾個島嶼。對於金門島，蔣介石曾多次強調：「今日東南亞的金門，可比之如今日歐州的西柏林及第二次世界大戰期間的瑪律達島，這是一座反共的堡壘。」「如果金門失守，馬祖也勢難保，而臺灣的堤防亦將崩潰。」

國民黨軍控制金門，既可以封鎖福建、廈門的出海口，又可以作為臺灣島的屏障。而人民解放軍若奪取臺灣，首先攻擊的目標當然是金門、馬祖。當人民解放軍對金門形成合圍後，蔣介石電令守軍總指揮湯恩伯固守，攻打金門前夕，湯恩伯接到了蔣介石的電令：「金門不能失守，必須就地督戰，負責盡職，不得請辭易將。」

湯恩伯不敢怠慢，急令守軍趕修工事，同時調胡璉第十二兵團所屬兩個師增援金門，使守軍總兵力達三萬之多。此時，國共兩黨軍隊隔海劍拔弩張，一場血戰迫在眉睫。

　　10月24日，負責攻擊金門的二十八軍進行了多方面的渡海準備工作後，在二十九軍主力師的協同作戰下，發起了對金門的進攻，當晚七點，第一梯隊三個團開始登船起航，翌日凌晨登陸成功。登陸部隊因缺乏師級指揮員統一指揮，沒有組織船隻返航接運第二梯隊，也沒有鞏固灘頭陣地。胡璉十二兵團主力在料羅灣登陸後對人民解放軍登陸部隊反包圍，後撤國民黨軍發起反撲，在海陸空三軍的立體進攻下，因潮水退落而在古寧頭海灘擱淺的船隻全被國民黨軍炮火擊毀，國民黨軍攻佔了古寧頭灘頭陣地，切斷了解放軍登陸部隊的後路。由於船隻被炸毀，原定船隻返回運送第二梯隊的計畫成為泡影，想到了缺船，想到了國民黨增兵，但沒想到退潮時船會擱淺，又被炸毀。這一資訊令金門戰役總指揮、二十八軍副軍長肖鋒悔恨不已，他後來回憶說：「第二梯隊各單位，因無船可渡，只能隔岸觀火，急得跺腳流淚，我內心更是如同火焚。」

　　25日夜，肖鋒派出第二梯隊，因船隻有限，僅有四個連，增援順利登島，與堅守古寧頭部隊會合。26日拂曉，國民黨軍對古寧頭解放軍登島部隊發起猛攻，激戰終日後，解放軍登島部隊於夜間突圍，同國民黨軍周旋，當天下午三時左右，登島部隊向指揮部發出最後一次報告：「敵三面進攻，情況嚴重！情況嚴重！」從此，金門戰役指揮部與金門登島部隊聯絡全部中斷。

　　為全殲登島人民解放軍，蔣介石特派蔣經國於10月26日赴金門督戰。據蔣經國日記記載：

十一時半到達金門上空，俯瞰全島，觸目淒涼，降落後
乘吉普車逕赴湯恩伯總司令部，沿途都是傷兵、俘虜和
搬運東西的士兵。復至最前線，在炮火中慰問官兵，遍
地屍體，血肉模糊。

至28日，解放軍登島部隊苦戰了三晝夜，傷亡殆盡，無
一人投降，慘烈的金門之戰，使解放軍兩批登陸部隊九千零
八十人（內有船夫、民工等三百五十人）大批壯烈犧牲，一部
份被俘，此役也使國民黨軍傷亡九千餘人。

一次戰役導致全軍覆沒，這是人民解放軍戰史上僅有的
一例。

蔣經國在抵金門後的當晚日記中寫道：「金門之戰為年來
『第一次大勝利』，是『反攻復國』的『轉折點』。」直至七
○年代，臺灣當局還拍《古寧頭大捷》的電影，聊以自慰。

十七、孤島生涯

　　國民黨敗退臺灣初期，涉入不惑之年的蔣經國在其父的精心設計下，就職於特工、軍隊、黨務與行政各個要害部門。

　　1955年1月，人民解放軍一舉攻下一江山島，蔣經國奉父命到前線慰勞官兵。同年2月，蔣介石鑒於大陳島已在人民解放軍的炮火控制之下，遂根據美國軍事顧問建議，決定撤退大陳。「國防部」擬定了撤退大陳的「金剛計畫」，蔣經國再度代父冒險赴大陳執行此一計畫。

　　1958年「8‧23」炮戰期間，蔣經國三次奉父命赴金門島為國民黨官兵打氣。

　　蔣經國上任「國防部副部長」時，他的頂頭上司導彈專家俞大維是他的親家，俞有意將在美治療頸部淋巴腺時期延長，讓蔣經國出頭露面。不久，蔣介石便將俞大維調離「國防部」，任命自己的兒子當了國防部長。蔣經國在「國防部長」任職期滿之際，又於1969年調任為「行政院副院長」，這是蔣經國邁向接班之路的關鍵一著棋。

　　蔣經國雖擅長政治，但對經濟也有研究，在其任內，將臺灣的經濟實現騰飛，並使臺灣從一個農業社會轉型為工業社會，成為亞洲「四小龍」之一。

經濟騰飛

　　據蔣經國自己在1985年11月11日答《讀者文摘》巡迴記者芮德時稱：

臺灣經濟發展成功的基本原因是：

(1) 「我們崇尚自由民主，堅守憲政體制，政府與人民相互信任，和諧團結，提供了民主而安定的政治環境」；

(2) 「在計劃性自由經濟政策下，鼓勵私人企業，激發人民勤勞的工作意願，與企業家進取的創新精神」；

(3) 「教育機會人人平等，實施普及而良好的教育制度，並致力科技發展，提高了人民的生產力」；

(4) 「貫徹均富政策，縮小貧富差距，增進社會福利，提升生活品質，建立了公平而和諧社會」。

臺灣經濟之所以能在六〇－七〇年代得到迅猛發展，主要是因為：

其一、由於日據時期臺灣經濟具有一定的基礎，為臺灣經濟的進一步發展準備了客觀條件。

其二，國民黨從大陸撤退時，帶走了大量黃金、工業設備和技術及管理人員。這些財富、資產與人才在臺灣經濟騰飛中發揮了相當重要的作用。

其三，美國的經濟「援助」是臺灣經濟騰飛的一個重要籌碼。據統計，從1951年到1968年間，臺灣接受美國「經援」共計14.82億美元，六〇年代中期「美援」停止後，又以貸款方式貸給臺灣幾十億美元，對於「美援」在臺灣經濟中的作用，曾任「行政院美援運用委員會」副主任委員尹仲容稱：「美援的適時抵達，正如對垂危病人注射強心劑」「假如沒有這筆美援，僅憑我們自己的經濟力量，還不能達到目前的水準。換句話說，我們的成長率不是全憑我們經濟內部的成長力量所產生的」。

何保山在《臺灣的經濟發展》一書中說：「要是1950年美援尚未來到，就很難想像臺灣如何能夠擺脫嚴重的失去控制的通貨膨脹和隨之而來的社會和政治動亂」。

其四，有利的國際環境亦是臺灣經濟騰飛的一個不可忽視的因素。

其五，蔣介石與蔣經國吸取在大陸失敗的教訓，採取了比較正確的經濟發展策略，是臺灣經濟騰飛的主觀原因。

其六，臺灣教育的普及也為經濟騰飛起到巨大的槓桿作用。

加速農村建設

五〇年代初，臺灣同大陸一樣，均是以農業為主體，隨著臺灣土地改革的完成與經濟騰飛，臺灣已由農業社會向工業社會過渡，到七〇年代，工業生產總值已大大超過了農業生產總值，農業開始呈現出下坡的趨勢。具體表現為：

(1) 農業生產率下降；

(2) 糧食自給率下降，尤其是雜糧幾乎全部依賴進口；

(3) 農業在對外貿易中的作用大為減少。

針對農業危機局面，蔣經國多次講話，不斷提出新的對策，以調動農民積極性，更大地發揮農業在經濟轉型中的作用。

1972年9月27日，蔣經國在臺灣省農業建設座談會上指出：

> 「農業是我們經濟發展的重要環節，也是社會安定的基礎」。近年來島內「工業成長快速，固然值得欣慰，但相對比較之下，農業生產利潤微薄，農業成長弛緩，顯示了農民所得偏低，實不容我們忽視；政府為促進今後農業發展，加速農村建設」，特採取下列措施：

(1) 廢除肥料換穀制度；

(2) 取消田賦附徵教育費，以減輕農民負擔；

(3) 放寬農貸條件，便利農村資金融通；

(4) 改革農產運銷制度；

(5) 加強農村公共投資；

(6) 加速推廣綜合技術栽培；

(7) 倡設農業生產專業區；

(8) 加強農業試驗研究與推廣工作；

(9) 鼓勵農村地區設立工廠。

　　蔣經國宣布的這九項措施，是融合農業與農村發展的綜合性計畫，兼具經濟、社會與政治建設等多元目標。最後，蔣經國提出：「加速農村建設」是今後「政府最重要優先的工作之一」。同時提出要動員全島各級機構和民眾的力量，幫助推行這一新的運動，並使這一運動「像以前土地改革一樣的圓滿成功」。

　　在蔣經國看來，農民在體力和精神上的負擔，比任何行業的人都沉重，每當農民插秧、收割時，他總要抽出一點時間，到各處去看看耕作的情形。

　　1973年5月，在蔣經國主持下的「行政院」公布實施「稻穀最低收購價格」政策。該項政策規定：在市場穀價低於最低收購價格時，「政府」無限制收購，使稻穀不致因盛產而跌價。

　　1978年，蔣經國當選「總統」後，指示「行政院長」孫運璿，加強對農業的投入。同年十月。「行政院」通過了《加速改善偏遠地區居民生活計畫》，包括七項重點。並計畫撥款2.6億元，用以改善偏遠地區的居民生活。其後，又陸續通過了《提高農民所得加強農村建設方案》，該案主要內容為：

(1) 改善農業經營；

(2) 提搞農業生產力；

(3) 加強產銷聯繫，維持農產品合理價格；

(4) 加強農業資源的規劃與利用；

(5) 加強農業試驗研究；

(6) 加強農村福利設施。

此案推行的結果，成效明顯：據「行政院」主計處調查報告，臺灣地區平均每戶農家所得，自1979年15.7797萬元，提高為21.9696萬元，增長率達39.2%，極具成效。

自1982年起，蔣經國又令「行政院」推展《加強基層建設提高農民所得方案》和《改善農業結構提高農民所得方案》。總之，自1973年至1987年底，臺灣當局用於農業發展與農村建設的經費將近1000億元台幣，平均每年農業產值增加一百五十億元。

與此同時，蔣經國為了進一步調動農民積極性，又在臺灣推展二次土地改革。

為了配合「在穩定中求發展」的經濟建設，蔣經國於1973年12月25日「國大」年會上宣布了一項重要決定：

「政府」已下定決心，以五年為限，列入管制；克服困難，加速完成南北高速公路、桃園國際機場、台中港、蘇澳港、北回鐵路、鐵路電氣化、大鋼廠、大造船廠和石油化學等九項建設，來加強我們的經濟基礎，穩定我們的經濟發展。」

1974年9月，蔣經國在「立法院作施政報告」時，又加上核能發電，共十項建設。開展十項建設的根本目的，是為了配合臺灣島改造計畫，也為了建立現代化物質技術基礎，改變以輕工業為主的經濟結構，提高能源與原材料的自給水準，減輕對外依賴程度。二十世紀七〇年代是臺灣經濟結構的轉型時期，十大建設就擔起了脫胎換骨的重任。

正如蔣經國後來總結的那樣：「十項建設的進行，在經濟不景氣期間，產生了無比的積極作用，不但刺激了各種相關事業的生產，也吸收了大量的國民就業，大大沖淡了經濟呆滯的嚴重性。」十大建設不僅為臺灣培養了大批工程技術人員，也為臺灣經濟的進一步發展建成了賴以實現的基礎設施。

改選成功

進入二十世紀七〇年代後，國際風雲驟變，聯大驅蔣、尼克森訪問北京、台日交惡及台美「斷交」，一連串的外交衝擊潰決，使剛剛登上「閣揆」寶座的蔣經國謀劃在夾縫中求生存。

但自蔣經國出任「閣揆」之日起，便宣告了蔣經國時代的來臨。1975年蔣介石病逝後，「副總統」嚴家淦雖繼任「總統」，但臺灣黨、政、軍、特實權卻已神奇般地移到蔣經國手中。

當蔣經國抓到黨權之後，另一隻眼睛已瞄上「總統」寶座。其實，蔣經國身為國民黨中央主席兼任「行政院長」，黨政大權歸於一身，「總統」嚴家淦不過是虛位以待。

江南對此作過評論：「嚴家淦，過渡人物，他當『總統』沒有人意外……反正，『中華民國』的『憲法』，不倫不類，既是『總統制』，也是責任『內閣制』，好像撲克牌上的老K那樣上下一體，經國做『行政院長』，自然是『內閣制』，『總統』是蘇州的紅漆馬桶。等經國扶正，『內閣』無權，恢復『總統制』。」（詳見二十六節）

還有人說：「凡事都得聽蔣經國的。」嚴家淦只是供小蔣走向老蔣的一座私家橋樑。

的確，嚴家淦登上「總統」寶座之後，沒有人歌功頌德，他在蔣介石生前是個默默的「副總統」，在蔣介石去世後又成了默默的「總統」。他有自知之明，當一屆六次「國民大會」來臨之際，嚴家淦非常知趣地以國民黨中常委的身份給國民黨中央秘書長張寶樹寫了一封信，其中力薦蔣經國為「總統」候選人：「本黨主席及行政院院長蔣經國同志追隨總裁力行總理遺教達四十年，志節堅貞，勳績卓昭者；尤以出任本黨主席及行政院長以來，主持國家大計，實踐本黨政策，推行重大建設，順應國際變局，操慮忠純，群情悅服，其樸實平易，勤政親民，更為國內外一致推崇；蔣主席經國同志乃本黨提名為第六任總統候選人之最適當人選。」

　　1978年1月7日，國民黨中常會舉行臨時會議，同意嚴家淦建議，決議向十一屆二中全會提案，請提名蔣經國為第六任總統候選人。同時，國民黨中央評委會主席團集體通過決議，建議即將召開的二中全會，請提名蔣經國為第六任總統候選人。1978年2月14日，國民黨十一屆二中全會在臺北陽明山開幕，會議由蔣經國主持，主要討論第六任正、副總統候選人問題。出席會議人員以起立方式通過蔣經國為第六任總統候選人。全會結束時，蔣經國發表講話：「經國承全會厚愛督責，徵召……第六任總統本黨候選人……經國謹以臨深履薄的心情，提出個人的感受和感激的至誠。」「經國今後責任加重，自更當殫精竭盡……為黨盡忠，為國效命，為民服務，奉獻一切。」

　　蔣經國接掌總統大權之後，念念不忘乃父的教誨，又於4月5日蔣介石逝世三周年之際，發表〈風木孝思〉的專文，以示繼承父志。文中有：

父親嘗以為孝莫大於尊親，其次曰不辱，所謂尊親，謂
發揚光大吾祖先黃帝之遺緒；所謂不辱，謂當勿貽吾父
母以隕越之羞。

今後我只有犧牲奉獻之心，為國為黨奮鬥，朝著發揚光
大吾祖先黃帝遺緒的目標奮鬥。

蔣經國特別強調民主政治，就在他就職總統當日，他就
向主管宣傳的負責人發布了下列三點指示：

第一，「今後不希望再有『蔣經國時代』這一類名詞出
現在報紙雜誌之上。他認為今天是一個民主的時代，不應再有
個人英雄主義的色彩，如果真有『時代』的話，只有群眾的時
代，而沒有個人的時代。」

第二，「今後不希望稱他為『領袖』。他認為國民黨只
有兩位領袖，一是孫中山先生，一是已故的蔣介石總裁。除了
他們兩人之外，沒有人可以再被稱為領袖，他個人只是一個普
通的黨員，一個普通的國民，只願以黨員以國民的身份，與全
體同志及全國同胞一起，共同奮鬥。」

第三，「今後不希望有『萬歲』的口號出現。他認為只有國家
民族的萬歲，只有三民主義及國民黨的萬歲，沒有個人的萬歲。」

在用人路線上，蔣經國推展本土化政策，不僅起用謝東
閔出任副總統，而且大力選拔省籍才俊，提拔大批台籍人士問
政、參政。

兩大事件

在蔣經國承繼父業前後，島內曾發生兩次震動全島的
大事件：一個是1977年的「中壢事件」──選舉地方機構舞

弊案；另一件是1979年圍繞《美麗島》雜誌問題而發生的衝突。兩事件對蔣經國統治影響頗大。

「中壢事件」發生在1977在11月的地方選舉中，此次選舉包括臺灣省「議員」、臺北「議員」、各縣市長、縣市「議員」、鄉鎮長等1318個職位。該事件的主角是競爭臺北市桃園縣長職位的許信良。當時競選此一職位的除許之外，還有歐憲瑜。

許信良，1943年出生在中壢鎮，是台籍人，父親是個貧窮的農戶。在讀完小學、中學之後，他考取了臺灣政治大學政治系，在大學時代加入了國民黨。由於他聰明過人，大學畢業後又考入了政大政治研究所。政大在臺灣被譽為國民黨的「黨校」，是為了國民黨培養專業黨工及黨籍學者的搖籃。研究生學習期間，他得到學校及黨部的刻意栽培，獲碩士學位後，即進入國民黨中央社當記者。1967年至1969年間，受蔣經國蓄勢待發準備接班之賜，被國民黨選派至英國愛丁堡大學深造。返台後，經國民黨黨部安排，到負責組織、訓練、選舉動員的中央委員會一組工作，成為國民黨專任黨工的骨幹。因許有海外學人的資歷，對選舉有獨到見解，被蔣經國當時的大紅人李煥所賞識，於1972年9月以組會幹事身份，被提名為第五屆省「議員」候選人。

當選省「議員」之後，許信良很快成為「議會」的新銳與新聞焦點人物。1975年他又因反對學生平安保險賠償太低問題不接受黨部協調，省黨部決定施以黨紀處分。

對許處分之事雖因李煥祖護而從輕發落，但許與國民黨之間已經產生了無法彌合的裂痕。

本年度時逢五項地方公職選舉，國民黨省黨部不再提名許信良競選。當選舉日期臨近之際，許提出競選桃園縣長，臺灣省黨部主任王唯農大為震驚，他仰承上級旨意，親自派員去

做許的工作，讓他放棄競選，許對王的做法也深感不滿，決定違紀競選，但此舉又不為國民黨所允許，遂宣布退出國民黨，以無黨籍身份向國民黨提名的「調查局長」沈之嶽的愛將歐憲瑜競選。

11月19日投票日，設在桃國縣中壢鎮213號投票所內，國民黨籍監選主任竟公開舞弊，當場被群眾抓獲，押送到中壢警察分局。此時，各地舞弊消息傳來，支援許信良的一萬多群眾憤怒了，他們抗議國民黨地方當局在桃園縣中壢鎮的舞弊現象，包圍了警察局，並用石塊襲擊了警察局的門窗、玻璃。群眾還憤怒地焚燒了警察開來的鎮暴車。晚上七點，群眾衝進警察分局辦公室，搗毀室內設施，最後一把火燒了警察分局，據統計，在整個事件程序中，共燒毀八輛警車，六十輛摩托車。

中壢事件發生之後，國民黨當局極為震動。對於中壢事件，蔣經國稱：

「切切實實、公公正正的調查及依法處理，絕對不可徇私偏袒或蒙上欺下」。「現在國民的水準均有足夠判斷是非曲直的能力，因此，中壢選票糾紛事件尤其需要慎重，務須使全體國民對於政府往後的處理，完全滿意」。

為了防止類似中壢事件發生，蔣經國一面揮淚斬馬謖，免去了他的得力助手李煥的職務；另一方面，提請各機構在日後選舉中必須提高國民黨提名人的素質，挑選學歷高、劣跡少、最得選民支持的國民黨員作候選人。

《美麗島》是1979年6月由著名黨外人士、「立法委員」黃信介、施明德等人創辦的雜誌。其一，言論激烈。黃信介等人利用該雜誌對國黨的種種弊端予以猛烈抨擊，並與同年黨外著名人士康寧祥、江春男（司馬文武）創辦的

《八十年代》相呼應，給國民黨、蔣經國統治以極大威脅。其二，聲勢浩大。國民黨當局對《美麗島》雜誌社恨之入骨，心欲除之。

11月30日，《美麗島》雜誌社及「臺灣人權委員會」申請於12月10日在高雄扶輪公園舉行集會，紀念世界人權日。國民黨對《美麗島》雜誌社的要求不予批准，但對親國民黨的「臺灣人權協會」舉辦紀念會要求予以批准，並在各大報紙以顯要地位報導此一消息，使黨外人士「深感不平」。12月1日，一群流氓打手在臺灣當局的唆使下襲擊了《美麗島》雜誌社社長黃信介的住宅。

12月10日下午6時黃信介親至高雄主持集會，高雄南部警備司令親到車站迎接，並向黃表示：「人權大會可准在原地點舉行」。實際上警察已將扶輪公園包圍。此時群情激昂，黃信介、姚嘉文、張俊宏紛紛登臺發表演說，要求國民黨當局取消《戒嚴令》。群眾則高呼「打倒特務統治！」「反對國民黨專政！」等口號。黃信介等要求會場四周軍警撤離遭拒絕。集會結束後，舉行遊行。憲兵、軍警奉命阻止，遊行群眾以火把向軍警攻擊，雙方發生衝突。10時20分，憲兵開始鎮壓，施放催淚彈，群眾漸被驅散，直至次日凌晨2時30分，雙方撤離，高雄開始恢復平靜。

中壢事件與《美麗島》案都是繼二二八事件以來反抗國民黨統治的重大事件，它的發生對八〇年代臺灣政壇影響頗大。如果將兩事件作一比較，就可發現：前一事件遠較後一事件為重，臺灣當局並未動用武力，《美麗島》事件則未發展到與警方衝突的地步，但卻遭到了血腥鎮壓。進入八〇年代之後，黨外勢力再度發展，創辦刊物，突破禁令，反對國民黨的高壓政策。1984年，六年一度的總統大選又將在台島展開。

同年2月15日，國民黨召開十二屆二中全會。會議由蔣經國主持，通過了以嚴家淦為首的二中全會主席團提名蔣經國連任本黨總統候選人的建議。3月21～22日，國民大會一屆七次會議投票選舉總統、副總統。蔣經國得1012票，李登輝得873票，均過半數當選。

經過精心安排，蔣經國將他的班底平均配置在五個運作性的系統之中：

(1) 政務系統——以俞國華為主，以李煥、馬紀壯為輔，以林洋港為搭配，新生代的陳履安、錢復、魏鏞、施啟揚、吳伯雄、章孝嚴等為選拔對象。

(2) 黨務系統——以馬樹禮為主，以宋時選、白萬祥為輔，以趙自齊、郭哲、肖昌樂為搭配，以新生代的馬英九、宋楚瑜等人為選拔對象。馬英九、宋楚瑜等人又隨時可能轉入政務系統，獨當一面。

(3) 軍事系統——以郝柏村為主，以蔣緯國、鄒堅、張國英、蔣仲苓為輔，以黃埔系元老何應欽、黃傑、袁守謙為重鎮，以國防部長宋長志為搭配，並以陳守山、許歷農、宋心濂為選拔對象。

(4) 情治系統——以汪敬煦為主，以翁文維為輔，以陳守山為搭配，而以汪道淵、沈昌煥為權力核心中代表發言的重鎮。

(5) 財經方面——亦以俞國華為主，以李國鼎、張繼正、趙耀東、周宏濤為輔，以新生代的錢純、王章清、王昭明、蕭萬長等為選拔對象。

臺灣菁英分別按比例列入五大系統之中，這是蔣經國的行政革新。

中國共產黨提出「一國兩制」構想與蔣經國拋出「三民主義統一中國」論後，臺灣島內討論統一問題者日漸增多。提出統一方案或模式的達近百種之多。

　　在諸多統一模式中，還有「經濟模式」、「文化統一模式」、「奧運模式」、「一中一台模式」。其中侯立朝先生的「民主統一中國論」與陳立夫的「三民主義文化統一中國論」頗引人矚目。

　　侯立朝先生說：統一，既不是共產黨統一國民黨，也不是國民黨統一共產黨，而是由中國人統一中國，即「民主統一」。1987年7月，國民黨元老、八十九歲高齡的陳立夫先生在國民黨十三大向國民黨中常會提出一項「以三民主義文化統一中國，建立共信」的提案。但都未得到蔣經國的認同。

　　進入八〇年代之後，蔣經國的身體恰似動盪的臺灣政局一樣，力漸不支，蔣經國也預感到自己身體狀況日趨衰弱，開始把接班問題作為首要問題來考慮。

　　1983年香港《鏡報》曾刊文稱：「蔣經國傳子，是既定方針。」雖遭臺灣當局否定，但蔣經國為此確實也費了一番心思，如讓第三代放手抓權，清除傳子障礙及託孤的方式。但形勢的發展打亂了他的部署。關鍵是「江南命案」的發生，此案發生後引起島內外一片喧嘩……

　　從江南被刺案到1987年之間，國民黨高層不斷進行人事調整，部署集體接班。

　　進入二十世紀八〇年代中期，蔣經國在臺灣全島掀起了一場規模宏大的「政治革新運動」，從而使臺灣社會的政治體制由強人政治過渡到政黨政治的轉折時期。探究臺灣社會政治、經濟轉型的原因及特點，必然要追溯到蔣經國晚年在政治

目的上的舉措，這些政治舉措又被島內外輿論稱之為「向歷史交代」。蔣經國「向歷史交代」的內容應包括以下三點：（1）改變接班部署；（2）進一步實施本土化政策；（3）大刀闊斧推行「政治革新運動」。此點為蔣經國「向歷史交代」的核心之點，具體體現在以下六個方面：

　　1、解除戒嚴；2、開放「黨禁」；3、充實「中央民意機構」；4、地方自治法治化；5、革新黨務；6、調整各項政策。

　　蔣經國在一次國民黨中常會上講：「時代在變，環境在變，潮流也在變，因應這些變遷，執政黨必須以新的觀念，新的做法，在民主憲政體制的基礎上，推動『革新』措施，唯有如此，才能與時代潮流相結合，才能與民眾永遠在一起。」他告誡黨員：「現在的民眾知識一天比一天高，要求也一天比一天多」，因此我們要「一切以民眾的利益為第一，事事不忘民眾。」

十八、「賢良慈孝」

蔣經國的夫人——蔣方良，民間對其知之甚少，除曉得她是俄國人外，其它幾乎一無所知；而她也不像其他國家的第一夫人那樣在公開場合露面，是個相當神秘的女人。

在一般人的印象中，要見到蔣方良的雍容華貴的儀態，似乎只有兩種機會，一是有外賓來訪時，另一種是每逢大小選舉時，當天電視或隔天報紙，都會報導蔣經國接待外賓或投票的現場，這時蔣經國的身後，才會有蔣方良女士的鏡頭出現。

比較特殊而又令人樂於傳述的一次，是在1970年4月，當時的蔣副院長訪美返台，蔣方良到松山機場迎接歸來的丈夫。據傳述：

四月下旬的某天深夜，蔣方良突然被侍衛叫醒，說美國掛來長途電話，謂蔣副院長在訪美途中，在紐約「布拉薩大酒店」前遇刺，子彈從他頭上飛過，只打中飯店前的旋轉門。蔣方良舒了一口氣，馬上打了一個長途電話到紐約慰問蔣經國，並向他親切地說，等他回來時一定要親自到松山機場接他。果然，後來蔣經國回台時，在機場盛大的歡迎人潮中，蔣方良上前與蔣經國擁抱接吻，時間至少長達二十秒。

又一次是1985年7月29日晚上，在國父紀念館由臺北基督教女青年會主辦的紐約大都會歌劇院巡迴大使訪問團音樂會上。熟知內情的人都知道，臺北基督教女青年會的現任會長，就是蔣經國總統的大公子蔣孝文的夫人徐乃錦，蔣方良是特地來捧她大媳婦的場的。

據報導，那天晚上觀看演出的貴賓，除了蔣方良外，還有李登輝伉儷、俞董梅真以及國民黨黨政軍大員，而參謀總長郝柏村也赫然出現在貴賓群中，坐在蔣方良的左後方。顯然，郝柏村來聽音樂會，是負有保護蔣方良安全的任務，會場的安檢相當嚴格，皮包、背包都不放過，而且每個走道上都佈置了年輕力壯的便衣。

蔣介石對於這位身材高大、金髮碧眼、高鼻樑的俄羅斯媳婦，起初還是有點不適應，直到相處兩三個月後，才發覺她個性溫柔婉約，完全符合中國傳統婦女賢妻良母的性格。後來在她五十歲生日時特題了「賢良慈孝」四個字，送給「方良賢媳」做紀念。

與蔣宋夫婦相比，蔣經國夫婦間的感情，可以說是另一種典型，有些官邸的同事認為他們是「相敬如冰」。可能這是一個政治家庭在所難免的，在外界的評說中，頗有一些人認為因為蔣方良生活太苦悶，所以染上了酗酒的不良習慣。

其實，俄國人本來就喜歡喝酒，而且擅長喝烈性酒。他人對方良女士「嗜酒如命」，甚至「借酒澆愁」的說法，恐怕有相當一部分是牽強附會，渲染過頭了。

方良剛到臺灣之初，當時臺灣還不准進口俄國酒，有人知道方良喜歡喝伏特加，特地從香港弄來大批的伏特加，送到蔣經國的寓所。所以，當時蔣經國的家裡有不少伏特加烈酒，只要有興致，夫妻倆總不忘在自家的飯桌上，斟酒對酌。

論酒量，方良的酒量絕對不輸給蔣經國，可是蔣方良從來不在公開場合與人較量喝酒，而蔣方良若是真要與蔣經國一較高下的話，不見得會居下風。

當然，蔣經國因為公務所致，必須經常與同僚們或部屬喝酒應酬，久而久之，也練就了一身好酒量。

五〇年代，島內的國軍部隊大力推行所謂的「克難運動」，每年都要選出「克難英雄」，並對其進行公開表揚。

　　當年只要是選出「克難連隊」後，蔣經國照例要到那個連隊和全體官兵吃頓飯。所謂「克難連隊」，大多都是以連為單位，一個連總有一百來人，照例，蔣經國會逐桌敬酒。當年的蔣經國喝起酒來可一點都不含糊，要喝就乾杯，決不拖泥帶水，幾桌敬下來，他卻臉不紅，氣不喘，由此可見他的酒量確實十分可觀。

　　蔣經國的酒量尚且為此驚人，更何況蔣方良。

十九、孝文風波

　　1955年7月中下旬，臺灣政界、教育界曾發生一起很大風波，起因是臺灣當局「教育部」違規錄取蔣孝文留學而引發的，始作俑者係國民黨中常委、教育部長張其昀。

　　二十世紀五〇年代初，中國人民解放軍準備解放臺灣，島內高中畢業生紛紛離台，造成島內人心惶惶，蔣介石感到要安定人心、穩定軍心，必須立即制止這股少年留學潮，於是，蔣介石下手令給教育部：「今後，高中畢業生不得到國外留學。」

　　1956年，蔣介石的長孫蔣孝文念到高中三年級，仗著蔣介石、蔣經國在臺灣有至高無上的權力，被慣壞了的蔣孝文膽子越來越大，而且還幾次鬧出人命案，未成年就沾染不良習慣，這使蔣經國頗為頭痛。

　　1955年春，經常到蔣家彙報事情的張其昀問蔣介石，蔣孝文馬上要高中畢業，不知您對孫子的學習有何想法？以便我好安排。蔣介石考慮孫子成績太差，肯定考不上大學，將使他們上輩臉上無光，也使蔣孝文極為難堪。另外，蔣還考慮，在臺灣這種環境裡，對蔣孝文的成長沒有好處，不如將他送到美國去。

　　張其昀連忙表示贊同，回到教育部後，便苦苦思索如何設法將蔣孝文送往美國。他考慮來考慮去，覺得最好的辦法是現規定不廢除，「教育部」重新出一通知，說根據「國家」需要，臺灣擬派一批應屆高中畢業生去美國上大學，希望有志留

學的應屆高中畢業生報名參加考試，然後根據考試成績由高到低擇優錄取。

張其昀的這一辦法，蔣介石、蔣經國父子覺得甚好。

這樣，臺灣當局「教育部」趕在1955年全島大學聯考前，在臺北進行了一次應屆高中畢業生赴美留學考試。由於報名的較多，當局組織的考試十分嚴格。

十天之後，考卷批改完畢，蔣孝文只得了161分。

張其昀估計最低錄取分數線為210分。蔣孝文的成績差一大截，使張其昀頭痛萬分。

為使蔣孝文能順利赴美留學，張其昀苦思冥想後，決定不公布分數，只公布錄取名單。放榜之前，在教育部召開一次留學生考試委員會全體成員會議，統一口徑，一定要將蔣孝文塞進錄取名單中。

在1955年7月9日召開的這次會議上，張其昀對各位委員說：「由於種種原因，蔣總統的長孫蔣孝文這次成績不太理想，但總統與經國主任還是希望蔣孝文能去美國留學，我考慮，我們的教育部和考試委員會應該為總統和主任分憂。在留學這個問題上，應適當對總統的後輩給予照顧，希望大家予以支持。」

留學考試委員們雖然心裡都有意見，為了不得罪張其昀，他們只得以沉默表示不滿。

過了兩天，臺灣當局教育部公布了赴美留學人員名單，蔣孝文名列其中，排在倒數第三位。

由於許多考生對這次考試的分數有懷疑，很多人強烈要求查閱試卷。

臺灣知名人士田沛霖的太太查分時，發現其子考了209分，距錄取分數線只差一分，當時就懊得流出了淚。她對錄取

的人有懷疑，要求查看其他人的試卷，工作人員被她纏得沒法，便順手拿了幾張試卷給她看。哪知，這幾張試卷中有蔣孝文的，她發現蔣孝文只有161分時，當即大叫起來：「蔣孝文這麼點分數怎麼錄取了？我兒子考了209分反倒不錄取，這是什麼考試？」

田沛霖太太回到家後，心裡憤憤不平。她覺得，兒子留不成學算了，要把這件大醜事捅出去，使天下人知道：臺灣這次留學考試很黑很黑，只是為了照顧蔣孝文而搞的把戲。

第二天，田沛霖將此事悄悄透露給了《自由中國》雜誌社的一職員。《自由中國》發行人雷震瞭解了此事的全部內幕後，心中很氣憤，感覺蔣介石為了自己的私利，帶頭破壞教育規章，將給臺灣的政風、社會風氣造成極壞的影響。

為了將此事告知於民，並動員社會輿論阻止此事，他決定寫一篇社論抨擊臺灣當局。

雷震將文章寫好後，被其妻、身為監察委員的宋英知道後，宋英怕惹出禍端，要求雷震不要發表。

經過慎重考慮，雷震還是偷偷將此事告知了老友許孝炎在香港主持的《自由人》雜誌社，希望他們將此事公開披露出來。

1955年7月24日，《自由人》公開了蔣孝文的考試成績，並揭露了國民黨中常委、教育部長張其昀違規錄取蔣孝文赴美留學的內幕。此文一發表，立即在港臺兩地引起轟動，各界人士紛紛指責蔣氏父子和臺灣當局教育部。

《自由人》揭露了蔣氏父子及張其昀的醜事後，張十分驚慌，馬上在國民黨的《中央日報》上發表聲明，聲稱《自由人》所刊教育部違規錄取考試不合格的學生留學一事與事實完全不符，是心懷叵測者蓄意製造的謠言，但是，他的詭辯並不能平息社會輿論。

由於此風波鬧得很大，蔣經國不得不出面公開向外界宣布，他兒子蔣孝文已放棄留學，希望輿論再不要就此大做文章。

　　然而風波平息之後，蔣介石還是通過另外的途徑將蔣孝文送到了美國。

二十、私奔孝章

　　五十多年前，蔣經國的女兒蔣孝章與當時國防部長俞大維之子俞揚和在美國結合實屬私奔之舉，這段姻緣在蔣氏家庭子女的婚姻中，無疑是最大爆炸性的內幕並具戲劇性效果的。

　　蔣經國膝下四個婚生子女，唯一的女兒蔣孝章由於混血兒的緣故，傳說長得非常漂亮。而蔣孝章從小對父母表現得非常貼心，但脾氣倔強，對於事情常有自己的看法，因此蔣孝章成了他與蔣方良的掌上明珠。蔣經國對女兒的期望非常高，希望多讀點書將來找個好對象，最好是工程師、醫生或學者。

　　1957年，蔣孝章赴美讀書，蔣經國不放心，特別安排了人在美國就近照顧她。

　　蔣經國當時拜託幫忙的人是俞大維，俞大維時任國防部長，蔣經國則是副部長，當時兩人私交甚密，而俞大維的長子俞揚和剛好也在美國，蔣經國因此覺得，把寶貝女兒託付給俞大維幫忙照顧，應該是最安全不過的了，不料，這一安排讓蔣孝章與俞揚和墮入情網。

　　關於蔣孝章和俞揚和的結識過程，民間的說法是，蔣孝章留學的隔年，有一次她和弟弟蔣孝武到紐約探望祖母宋美齡，在華盛頓特區俞大維的家中住了兩天，俞揚和負責接待他們，就此播下愛情的種子。俞揚和是俞大維在德國留學時和德國女子所生的兒子，也是混血兒。俞在美國經商，他的年齡比蔣孝章大了將近二十歲，同時曾經有三次離婚記錄。

正當青春年華的蔣孝章與離婚中年男人俞揚和情定華府消息傳回臺灣時，蔣經國相當震怒，他氣急敗壞地把俞大維「叫」來家裡，要求俞大維轉告兒子放棄對蔣孝章的追求。

事實上，蔣經國對女兒的婚姻向來採取自然的態度，他只是不能忍受，才二十歲出頭的唯一女兒，竟然要「下嫁」給離過婚、且年紀相差如此懸殊的男人。

蔣孝章在美國的戀情令蔣經國夫婦非常尷尬，這件事驚動了蔣夫人宋美齡，她特別為此寫信給蔣經國，要求他接受蔣孝章的決定。當蔣孝章趁著學校假期回臺北省親時，蔣經國特別帶著愛女到日月潭，父女倆花了好幾個小時在湖中划船、談心，最後蔣孝章答應父親，在她未完成學業前絕不會結婚，父女二人就此盡釋前嫌。

可是愛情的魔力太大，蔣孝章回到美國不久，竟然和俞揚和攜手到內華達州雷諾城秘密結婚。那年是1960年8月，婚禮場上，雙方家長都不在場，據說，當年蔣孝章的婚姻消息傳回臺北時，蔣經國正在吃午飯，氣得把飯桌都掀了，蔣方良則躲進房裡痛哭，還頻頻以頭撞床。

蔣經國與蔣孝章的關係，從此陷入僵局，之後是在宋美齡與蔣方良的極力疏通下，才逐漸化解。

後來，蔣孝章產下兒子俞祖聲，蔣經國對這個外孫相當疼愛，可是，蔣經國從來沒有真正接納俞揚和這個女婿，因此小倆口很少回臺北作客，即使返台也非常低調。

二十一、深入基層

　　蔣經國在臺灣有「民粹派」領袖之稱，有人作過統計，蔣在「行政院長」任內，足跡遍及臺灣地區一百六十一個鄉鎮村落，在他任「總統」的最初四年裡，前後下鄉一百九十七次，與民眾在一起的日子多達一百五十五天。他在就任「行政院長」後的第一次院會上指出：「希望各級行政首長今後不要多在電視上報紙上出現」「而要深入民間，深入問題，在問題上求得徹底的個別解決。」1973年1月19日，蔣經國向新當選的臺灣縣市長講話時，以《向下紮根》為題，提出：「今後縣市長應該拿出良心，下鄉紮根，真正為老百姓工作。」他還說：「一切施政要向下看，針對老百姓的需要，為老百姓解決問題。」在這裡，蔣經國明確提出了「向下紮根」的理念與要求。

　　同年2月23日，蔣經國在「立法院」作口頭施政報告時，題目就是〈向上發展向下紮根〉。蔣在報告中稱：「國家建設是永無止境的奮鬥歷程，在往上看、向前進，以求獲得更大發展的同時，又要紮得深、站得穩，才能無畏任何衝突與考驗。」他提出向下紮根的目標，就是「要把國家建設的基礎奠立在磐石之上，使這個基礎更為穩固。」「今天我們就正要使建國要圖在基層生根，為全民造福。」如何向下紮根呢？蔣經國提出的具體做法是：

　　(1) 加強國民教育；
　　(2) 實施地方自治；

(3) 加強地方建設；

(4) 增進社會福利安全。

蔣在講到向下紮根的具體做法時，強調政府施政不僅要為民眾興利，也要為民眾除害。他多次強調「樹立親民愛民的風氣」，要「與民眾的願望相結合，以民眾的利益為依歸，為民眾提供最好的服務。」他經常說的一句話是「和民眾在一起。」他還說：「鄉村、深山、海濱是我最高興去的地方，和民眾在一起，談話歡聚，乃是我所要追求的樂觀。」他曾在日記中寫道：「春節時，氣候炎熱如夏，使余擔心中南部的幼苗可能發生蟲患，而現在則又奇寒，早晚尤甚，恐受傷害，余不以為之釋懷。數月後是颱風季節，奈何？余明知憂慮無補於事，但內心仍有此種感覺。」

對此，臺灣一位學者曾說：「這種平民化的風格，在古今中外的領導人物中，甚為少見，在身居高位的政治人物中，我們可以發現關心人民福祉的，也可以發現在民間走動，表現出親民姿態的，然而，卻甚少見到最高級的行政首長，能經年累月，不顧寒暑，跑遍大街小巷，與一般民眾，不論其職業、身份、年齡、性別，相處融洽無間……關心其生活、起居、收入等無微不至，而且回到辦公室後，立即以實際行動，為其解決實際大小問題。」

對於蔣經國向下紮根思想形成的根源，漆高儒認為是：「蔣經國在受教育的過程中，接受了嚴格的家教與中國固有倫理與文化的薰陶，使他萌生了強烈的責任感，這種責任感驅使他抱病之身仍在處理要務，使其終年勞碌地利用週末假期深入民間。」

二十二、十大建設

　　二十世紀七〇年代初，臺灣遭遇到三次國際風暴的襲擊：一次是1971年因美元貶值而引起的國際金融危機；一次是1972年國際穀物因前蘇聯農業歉收，在美國大量採購引發的穀物價格大波動；再一次是1973年10月第四次中東戰爭引發的石油危機。

　　三次國際風暴使正處在發展中的臺灣經濟遭受了沉重打擊，一方面是物價飛漲。1972年底至1974年2月，消費價格竟上升了66.5%，整個七〇年代都處在物價的劇烈變動之中。另一方面外貿出現逆差。由於石油危機和世界發達國家貿易保護主義抬頭，使臺灣自六〇年代以來一直處於對外貿易順差轉為貿易逆差，到1974年貿易逆差已達13.27億美元。再一方面是經濟增長率下降，失業率增加。1974年經濟增長率，由1972年的13.31%降至1.12%。伴隨經濟不景氣，大批企業倒閉或裁減人員，使失業率逐年上升。

　　由於國際經濟風暴的衝擊，還引發了臺灣經濟本身存在的諸種問題，如基本建設與工業發展不能配合，造成發展瓶頸；臺灣資源有限，島內市場狹小，使經濟發展受制，依附於國際市場；發展以資本與技術密集型為主的重工業同技術勞動力欠缺形成不平衡；農業出現滑坡等等。

　　面對因國際經濟風暴所造成的嚴重經濟衰退，蔣經國不斷召集財經人士多次研討對策。蔣經國還指定由中央銀行總裁、財務部長、經濟部長、主計長與行政院秘書長成立五人財

經小組，對穩定物價進行協調，草擬穩定經濟方針。蔣經國指出，經濟建設發展與穩定應同時並重，唯有穩定，才能提高良好的發展基礎，惟有發展，才能促成全面的穩定繁榮；如僅求穩定而忽視發展，則經濟成長必受阻礙，只顧發展而忽視穩定性，則發展本身必不安定，容易造成不良後果。在蔣經國的宣導下，臺灣當局採取了「在穩定中求發展」的策略，並制訂了各種調整方案。當時蔣經國出臺的對策有：

其一、抑制通貨膨脹。為了控制物價，穩定人心，蔣經國指示各有關部門單位，必須穩定民生必需品如大米、麵粉、肉類、蔬菜、食油等價格；同時指示各有關單位立即展開調查，如囤積居奇、抬高物價者，應即從嚴懲處。

1973年9月25日，蔣經國在立法院作口頭施政報告，進一步強調：「在政策性措施上，我們的著眼點是：以充裕民生必需品之供應為第一優先；以扶植農工增加生產為根本之途；以調節金融與改進運銷為主要手段；以消除人為操縱因素為輔助措施。」

1974年1月，經過緊急磋商，臺灣當局頒佈了《穩定當前經濟措施方案》，該方案實施的結果，在抑制通貨膨脹方面取得了預期效果。使物價一反節節上升趨勢，而出現先漲、續穩、後下跌的現象。

其二、推展第一期六年經建計畫。在推展六年經建計畫之前，曾推行六期四年計畫。1953年，蔣介石、陳誠為發展臺灣經濟，制定了第一期四年經濟計畫，其目標在擴大工農業生產能力，對內要求穩定經濟，對外要求改善國際收支狀況。當這一計畫目標得以初步實現之後，臺灣當局又於1957年實施第二期四年計畫，其目的在於開發資源，增加農業生產，加速工礦事業的發展，擴大出口，平衡國際收支。當蔣、陳將主要精

力投入經濟建設後，為配合外向型經濟發展戰略，又開始實施第三、四、五期四年計畫。第三期四年計畫目標是改善投資環境，開拓國際市場，調整經濟結構。第四期四年計畫的主要目標是促進經濟現代化，維持經濟穩定增長，促進高技術工業發展。第五期四年計畫主要目標在於增加投資，提高生產技術和管理水準，進一步改造經濟結構；同時大力發展加工出口工業，改善國際投資環境，增加外貿收入。上述五期諸計畫的實施，使臺灣經濟發生了根本性的變化：完成了農業經濟向工業經濟的轉變，內向型經濟轉變為外向型經濟，紡織業、電子電氣工業發展尤為突出。在此基礎上，蔣經國主持制定了1973-1976年第六期四年經建計畫；其目標是促進重工業發展。由於世界石油危機爆發使該計畫被迫停止。經過審慎研究，蔣經國主持制定的第一期六年經建計畫（1976-1981）開始出檯。該計畫的主要內容是：

(1) 農業機械化；

(2) 建築海邊堤防；

(3) 林業精密化；

(4) 交通現代化；

(5) 擴充大眾福利；

(6) 推動國民住宅建設；

(7) 製造現代武器；

(8) 開發廣大山區；

(9) 加強社會建設；

(10) 大量擴充對外貿易；

(11) 提高國民的個人收入；

(12) 開發海域及地下能源。

如何推展六年經濟計畫呢？蔣經國提出四項工作重點：

第一，在工業方面，「著重於發展重化工業和精密工業，並將積極進行海陸能源與各種資源的勘探開發」；

第二，在農業方面，「以加速農村建設，積極推動農業機械化，增加農民所得，改善農民生活環境與提高糧食增產為主要目標」；

第三，在交通建設方面，「計畫在高速公路、北回鐵路、鐵路電氣化、桃園機場和台中港與蘇澳港等工程完成之後，繼續興建各種配合工程及其他運輸通訊設施。」

第四，在社會建設方面，「將在省市各地關建衛星市鎮，興建二十二萬餘戶的國民住宅，普遍加強農村、山地、海濱區域醫療衛生服務。提高國民營養，改造國民旅遊音樂設施，促進國民就業，使國民生活在實質上獲得大幅改善」。

蔣經國稱：新的六年經建計畫是臺灣經濟脫胎換骨的經建計畫，要求各級組織抱定「只許成功，不許失敗」的決心，創造美好的未來。

其三，開展十大建設。

為了配合「在穩定中求發展」的經濟政策，蔣經國於1973年12月25日在國大年會上宣布了一項重要決定：

「政府已下定決心，以五年為限，列入管制，克服困難，加速完成南北高速公路、桃園國際機場、台中港、蘇澳港、北回鐵路、鐵路電氣化、大鋼廠、大造船廠和石油化學等九項建設，來強固我們的經濟基礎，穩健我們的經濟發展。」

1974年9月，蔣經國在「立法院」作施政報告時，又加上核能發電，共十項建設。開展十項建設的根本目的，是為了配合臺灣島改造計畫，也是為了建立現代化物質技術基礎，改變以輕工業為主的經濟結構和原材料的自給水準，減輕對外依賴

程度。七〇年代是臺灣經濟結構的轉型時期，十大建設就擔起了脫胎換骨的重任。

由於十大建設開始實施時，正巧碰上國際物價大幅上漲，當時有許多人認為該項計畫對資金、對物價都有很大的風險性，認為不能實施如此龐大的計畫。蔣經國聽到這種意見後毅然表示：「現在不做，將來就會後悔。」當十大建設開始籌畫推動時，困難重重是可想而知的，當時主要有三個難題：人力問題、技術問題、財力問題。對於這些難題，蔣經國總是爭取全力解決。1974年2月蔣經國在「立法院」作報告時，提出做到經費、人事、獎勵、意見四大公開，以推動十大建設。

十大建設期間，蔣經國多次到工地視察、督導。

據台報載：台中港第一期工程從開工到完工，蔣經國冒著烈日飛沙、寒風驟雨，先後巡視十二次，並參加傳遞石頭的行為。

中鋼建廠，有三年零四個月之久，其間，蔣經國巡視工地十五次。1977年7月25日，颱風在台南登陸，中鋼高爐瀕臨斷電斷水、鐵水將凝、爐體將毀險情，蔣經國得知此資訊後一日數電，詢問情況，直到度過了危機。

北回鐵路修築前，蔣經國特別指示：

> 北回鐵路的興建，對於臺灣省東部的建設，及蘇澳港的功能，均極有裨益，且可使臺灣全島的經濟活動、聯繫更為密切，意義極為重大，但開工典禮務宜從簡，如果地方上的民眾擬盛大慶祝，亦宜婉勸其基於節約及務實的觀點，不必鋪張，俟將來竣工典禮時，再以適當的方式來表慶祝的心情。此一鐵路經過崇山峻嶺，工程設計必須配合地質條件，慎重行事。

臺灣輿論稱：「經國先生的苦心和參與，是十項建設順利完成的主要因素。」用今天的眼光來說，蔣經國當時下決心開展十項建設的做法是正確的，雖然冒了點風險，但其作用正如蔣經國自己所宣稱的：

> 十項建設的進行，在經濟不景氣期間，產生了無比的積極作用，不但刺激了各種相關事業的生產，也吸收了大量的國民就業，大大沖淡了經濟呆滯的嚴重性。

　　十大建設不僅為臺灣培養了大批工程技術人員，也為臺灣經濟的進一步發展奠定了基礎。

二十三、訪美遇刺

　　二十世紀七〇年代伊始，來自美洲大陸的政治「低氣壓」在臺灣上空形成一股強大的寒流，臺北如同進入了外交的「嚴冬」。在1970年4月蔣經國訪美期間，紐約布拉薩大酒店門前的一聲槍響使臺北的「嚴冬」雪上加霜。

　　1969年12月，臺灣「外交部」通過外交途徑向美方試探蔣經國近期訪美的可能性。美國駐臺灣「大使」馬康衛在接到臺灣信函的第三天，便給了回信：「已將蔣經國副院長有意訪美的消息報告了白宮，尼克森總統對此表示歡迎，並讓我轉告蔣副院長：蔣介石總統和蔣經國副院長都是他的好朋友。未來二十年臺灣及西太平洋的安定，蔣經國將扮演重要角色，因此美國總統和我本人對蔣經國的訪美深表歡迎，並將以國家元首的禮儀，歡迎蔣經國副院長。」

　　美國人很清楚，蔣經國是蔣介石後的不二人選，是將來臺灣政策的決策人，因此不可忽視他的作用。而實際上，尼克森為修復中美關係只能將臺灣墊在談判桌的腳下，不過為了表現不過分的「無情無義」，尼克森向臺灣採取了這一「柔和的道別方式」。

　　蔣經國對馬康衛說：「請貴大使轉達貴國政府和尼克森總統，本人除了深感榮幸和謝意之外，並堅信中美兩國為世界和平安定而做的努力是一致的，合則兩蒙其利，分則兩受其害。」

　　馬康衛則順水推舟：「蔣經國副院長的能力、聲望、成就和對未來所可能產生的影響，我國和尼克森總統及國務院其

他官員，都有絕對深刻的瞭解。因此為了西太平洋及世界未來的利益，我將暫時放下臺北的館務，暫由『公使』代辦，我本人先行返美，為您的訪美作最妥善的安排，等您圓滿達成訪美之後，我再回臺北使館。」

雙方商定，蔣經國的訪問從1970年4月20日開始。

1970年4月20日下午三時許，蔣經國乘坐的臺灣聯航波音737寬體客機，平穩地降落在華盛頓東郊的安德魯斯空軍機場。

蔣經國此行帶來了四項使命：1、弄清美國在華沙會議中將做出何種讓步，正在擬議中的美台「和平共存協定」包括哪些內容；2、要求美國重申，支持「中華民國」在聯大包括安理會的席位；3、要瞭解，假如中共再次攻打金門、馬祖，尼克森是否繼續信守艾森豪任期內參院通過的提供援助的決議；4、提出對在美台獨分子活動的關切和更新臺灣三軍裝備的問題。

美國副國務卿羅傑斯在機場主持了歡迎儀式。歡迎儀式隆重熱烈，完全夠得上「國家元首」級的規格，美國人沒有食言，這使台方人員感覺良好。

但在場內歡迎儀式進行的同時，機場停機坪附近出現了約三十名示威的人，他們身披紅、黃、白色的綬帶，手舉標語牌，在警戒線附近高喊「要求臺灣獨立」「臺灣屬於臺灣人」等口號。知情者一看便知這夥人是美國「臺灣獨立聯盟」的成員。

另外，「臺灣獨立聯盟」的暗殺計畫也在緊鑼密鼓地進行。四名成員黃文雄、黃晴美（黃文雄之妹）、鄭自財和賴文雄兩週前秘密制定了一個驚人的計畫：尋機槍擊蔣經國。據事後鄭自財回憶，當時決定進行槍殺行動後，四個人的心情都

十分複雜，沒有人敢於主動承擔行刺之職，在沉默了多時之後，時任「臺灣獨立聯盟」秘書長的鄭自財終於鼓足勇氣自告奮勇。但黃文雄認為鄭是有家室的人，而自己是孤身一人，此事還是由他來做最合適，最後商量的結果決定以黃為主，鄭為輔實施行動，他們把賭注押在4月24日在紐約布拉薩大酒店為蔣經國六十生日舉行的午宴上。

4月23日晚上，黃文雄住進鄭自財在紐約的家中。24日上午，由當時擔任「台獨聯盟」主席的蔡同榮開車接送黃文雄等人，鄭自財負責在飯店掩護行動，黃晴美負責搞槍和送槍。

他們的行動很明確，借助暴力手段謀殺蔣經國。他們認為沒有小蔣的臺灣將面臨繼承人的危機，他們將利用這種時機進入島內政壇……

4月24日上午9時，蔣經國驅車前往安德魯斯空軍基地，飛往紐約，下榻在那裡的庇爾旅館。

中午12時，蔣經國離開庇爾旅館，在警車開道下，乘坐一輛「林蒙生」牌寬體轎車前往布拉薩酒店，準備出席在那裡舉行的美東工商協會午餐會，庇爾旅館坐落在該酒店的左前方，與布拉薩大酒店僅隔兩條街道。事先曾有人打電話說，一些「台獨」分子正在酒店門外示威，對此蔣經國並未介意。

此時，鄭、黃二人已潛伏在酒店正門附近伺機行刺，他們的內衣裡各藏著一支左輪連發手槍。

蔣經國座車剛一停穩，即由美方安全警官亨利‧蘇尼茲和詹姆斯‧沙德上前打開車門，一左一右護衛著向正門走去，兩名台方貼身警衛和兩名紐約市警察局的便衣，同時上前護著蔣經國走上臺階。

就在蔣經國將要走進正門之際，潛伏在門側的鄭、黃兩人一前一後從門旁的大理石柱後閃出，從左右兩個方向同時衝

了上來。走在蔣經國左邊的亨利・蘇尼茲警官首先意識到了危險，他側身上前將竄上來的黃文雄擋了一下，見其手中有槍，即喊道：「吉米，注意，這小子手上有槍！」

這時黃文雄正舉起手槍對準蔣經國的背後，但蔣經國已被兩名警衛用身體護著擁進扇形轉門向內走去，黃文雄不顧一切地向前跟去。就在他欲扣板機的瞬間，兩名警官幾乎同時向他撲去。另一側衝上來的詹姆斯・沙德右手抓住黃的右臂向上一推，「砰」的一聲槍響了，子彈擦著蔣經國的耳朵飛出，穿門而入，深深嵌入酒店正廳牆上的木壁中，黃文雄準備開第二槍時，警官蘇尼茲已用腳將旋轉門死死頂住，把他夾在門縫裡動彈不得，這時另兩名警衛遂與沙德一起將其手槍繳下。

另一名刺客鄭自財還未來得及開槍，便被兩名警衛人員壓倒在地，他向警衛揮拳拒捕，警衛迅速用警棍猛擊其頭部，鄭自財頓時血流如注，眼鏡也被打碎落地，很快失去了反抗能力。

前後只有僅僅幾十秒鐘，一場策劃已久的陰謀便告流產。

照理說，由台美雙方警衛人員組成的警網，黃、鄭兩人是很難突破的，且在距蔣經國僅十米的地方拔槍射擊的。

事後，美方解釋說：「由於刺客是中國人，而在美國人眼中，黑頭髮、黃皮膚的中國人長得太相像了，他們以為黃、鄭兩人也是隨行人員；如果刺客是白人或黑人的話，就絕對不會有此類事情發生。」

美國的新聞媒體對此輕描淡寫。4月24日的《紐約時報》、《華盛頓郵報》都用了很大的篇幅刊登了安德魯斯機場的新聞和照片，並刊登了一些台獨分子的談話及照片，而對蔣經國遇刺的消息，只以很少的篇幅一帶而過。

與此相反，蔣經國本人對此表現出了君子般的大度，他把自己的手錶送給了救他大駕的美方警探蘇尼茲，並對美方表

示：「此事不足介意。」他說：「這些持有異見的人，如果有什麼不同意見，可以向我陳述，我一定接見。至於這兩個被捕的無知青年，我希望美國釋放他們。」蔣經國希望這種高姿態能有助於台美關係走出低谷。

鄭、黃兩人後經紐約地方法院起訴、審判，以行刺未遂為由交保釋放。

第二天上午，尼克森在羅傑斯陪同下約見蔣經國，對前一天發生的事情表達了「美國式的歉意」。尼克森說：「在您作為美國的貴賓訪問期間，竟發生如此不愉快的『插曲』，身為東道國主人，我感到非常的難過和抱歉。」

「美國是一個完全民主開放的國家，諸如此類的事情，絕非特例。因此希望閣下勿因意外事件而介意，更希望不致影響雙方長久深厚的感情。」尼克森極力淡化由此引起的不快。

蔣經國的回答頗為精彩：「昨天事情發生之時，我並未受驚，事後我首先關心的事情是，有沒有人因我的來訪而被這意外事件誤傷。在知道沒有人被誤傷後，我便如釋重負了。一天之後，如果不是總統先生和國務卿先生提及，我幾乎忘記這一意外事件了。」

儘管蔣經國本人在美國人面前表現得若無其事，但此事在臺灣卻引起了不小的反響。消息傳到臺北，正是當地午夜零點三十分。蔣介石被人從夢中喚醒，聽到報告後他陰沉著臉指示：「島內所有新聞媒介對此略而不登。」

一週後，蔣經國結束訪美返回臺北。

二十四、老蔣歸西

1975年4月5日,統治中國大陸和臺灣長達半個世紀之久的大獨裁者蔣介石在臺北因病亡故,撒手人寰。

事實上,從1972年起,蔣介石就已經是重病纏身,無法正常處理公務了。按醫生所囑,本應辭職退休,所有大政要務要交由「副總統」代理。但是蔣介石為了給蔣經國留足時間,令其從容接班,對外嚴格保密他的病情。進入1975年,蔣介石已時時處於彌留狀態。

蔣介石彌留之際,蔣經國一直隨侍在側。他的日記披露了喪父之傷痛:

> 5日,父親於夜11時50分,病逝於士林官邸。兒痛不欲生。憶晨向父親請安之時,父親已起身坐於輪椅,見兒至,父親面帶笑容,兒心甚安。因兒已久未見父親笑容矣。父親並問及清明節以及張伯苓先生百歲誕辰之事。當兒辭退時,父囑曰:「你應好好多休息。」兒聆此言忽然心中有種說不出的感慨。誰知這就是對兒之最後叮嚀,余竟日有不安之感。傍晚再探父病情形,似無變化,惟覺得煩躁。六時許,稍事休息,八時半三探父病,時已開始惡化,在睡眠中心臟微弱,開始停止呼吸,經數小時之急救無效。
>
> 父親深夜逝世後,遺容安詳,如在熟睡中。當時即告嚴副總統,四院院長及其他要員和家人來士林官邸瞻仰遺

容，極盡悲哀，余頭昏不支倒地跪哭。當孝儀要我在遺囑上簽名時，余手發抖寫不成書。向長輩答禮時亦不記來者何人。

蔣介石病逝當晚，蔣經國與母親宋美齡商量後。決定暫厝蔣介石的靈柩於臺北市南六十公里處的慈湖畔，以待來日「光復」大陸，再「奉安於南京紫金山」。以達成蔣介石的「心願」。

4月9日，是蔣介石遺體由榮民總醫院移往國父紀念館的日子，據蔣經國當日記載：

> 9日，到榮民總醫院為父親著衣，此乃最後一次為兒能為父親所做身邊之事，照例穿七條褲子、七件內衣，包括長袍馬褂。遺體貼身包紫絲棉、黑襪、黑皮鞋，佩勳章，並以平時父親喜讀之書：三民主義、聖經、荒漠甘泉和唐詩四部書，置於靈梓之中。另有氈帽、小帽各一頂、手套一副、手帕一方、手杖一枝。此皆父親平日常用之物也。

4月16日，蔣介石大殮日，其靈柩由臺北國父紀念館移至桃園慈湖，安厝於蔣介石行館正廳。在館內的一個茶几上，放著他生前寫的一張便條：「能屈能伸」。日本右翼文人古屋奎二在《蔣介石秘錄》一書中解釋說：「順應環境，當忍則忍，應屈則屈，以待未來伸展之意。」

蔣介石之死，對於蔣經國而言，最沉重的打擊莫過於精神支柱的崩潰。蔣介石是以自己的哲學思想和人生觀來鑄造蔣經國的思維與行為模式的。為培養蔣經國全面承繼自己的衣

缽，蔣介石可以說傾注了畢生的心血，或家居庭訓，或書讀誨勉，或公中督考，或默化潛移。蔣經國在《十年風木》中曾深有感觸地講：

> 自從服務社會以來，年齡漸長，隨侍父親的時間較久，認識父親的思想、精神、德業和襟懷也益深，自愧不能仰學於萬一，但在有知之年，我就一直在父親的慈愛、教誨、督責之中，父親於我可以說是領袖、是慈父、是嚴師。

在蔣經國四十歲、五十歲、六十歲生日的時候，蔣介石先後親書「寓理帥氣」、「主敬立極」、「精一執中」以賜勉。

蔣介石的去世，使蔣經國頓失依傍。他在1975年4月29日的日記中寫道：

> 吾父逝世，對國對民，已有所交待。苦為兒者，何德何能，乃至擔負繼起之重責，今日有功之黨國元老，在台者甚多，經國何敢擔當此任。望我父在天之靈助兒從事於艱苦的革命工作。

蔣介石的病故，對於臺灣社會的震動並不大，因為權力真空並未出現，新一代政治強人早已代父行事，執掌權柄，做好了一切接班的準備。當然，被蔣介石借重用來為蔣經國開道的嚴家淦，尚得再做一番「滑輪」，作為蔣經國「父業子承」的過渡。

蔣介石去世次日，蔣經國曾向國民黨中常委會請辭「行政院長」一職：「經國不孝，侍奉無狀，遂致總裁心疾猝

發，遽爾崩殂，五內摧裂，已不復能治理政事，伏懇中央委員會衿念此孤臣孽子之微衷，准予解除行政院一切職務，是所至禱。」

當天國民黨中常會召開臨時會議，做出兩項重大決議：

其一：副總統「嚴家淦」，根據《憲法》第四十九條規定繼任蔣介石「總統」遺缺。

其二：對於蔣經國予以慰留，責以「效死勿去」「銜哀受命，墨絰從事。」

在探明蔣介石去世後，「名義上」的「繼承者」嚴家淦並無意與「太子」抗衡，自己在國民黨政權中的地位仍然舉足輕重，蔣家王朝的命運並不會就此終結之後，蔣經國就「安下心來」踏踏實實地做孝子，為其父大辦喪事了。蔣經國在守靈期間，臺灣報紙刊登了他的舊作《我的父親》，並不時公布蔣介石給蔣經國的一些字幅。蔣經國還不斷發表談話，遍訪黨、政、軍界要員，頻繁接見社會各界人士和普通民眾，利用蔣介石的「偶像」地位，塑造自己的權威形象。

喪葬事畢，國民黨全體中央委員於4月28日召開會議，修改黨章，推舉蔣經國擔任國民黨中央主席。

嚴家淦在擔任「總統」的三年中，除了扮演「憲法」上的國家元首角色外，對於重大決策，一切依蔣經國之命辦事，掌有實權的蔣經國則刻意保持「低調」的謹慎姿態，還不能太「喧賓奪主」，令嚴家淦「傀儡形象」隱現，而不過分尷尬。到了1978年，第六任「總統」選舉前夕，嚴家淦知道自己的過渡使命已然完成，不敢戀棧，以國民黨中常委的身份向國民黨中常會堅辭「總統」職務，並提名蔣經國為國民黨「總統」候選人。此時，環視臺灣島內，上上下下，已無任何人具備和蔣經國較量權力的條件，蔣經國走至台前，全面接班，已

是「眾望所歸」「大勢所趨」。1978年5月20日，在「選而不競」的情形下，蔣經國「順理成章」地宣誓就任「中華民國第六任總統，也就是憲法上的第三位「總統」，嚴家淦鞠躬下臺，至此，蔣經國全部承繼了父業，蔣家王朝在臺灣再度得以延續。

二十五、經國日記

　　蔣經國素有記日記的習慣，1925年10月他去莫斯科中山大學留學，將其間的生活、學習情況寫成日記《我在蘇聯的生活》。1937年3月返回國內。他於3月25日的日記有如下記載：「今天我要離開莫斯科了，早晨五時就起床。從我的房間裡望出去，可以看得見克里姆林宮城堡，同我在十二年前所看到的克里姆林宮，差不多完全一樣，不過幾個教堂頂上的雙頭鷹，已經看不見了，現在所能看見的，是由寶石製成的五角星。」

　　1938年春天，蔣介石派蔣經國到江西贛州，任江西第四區行政專員兼贛州縣長。此時的一段日記，名為《新事業》。

　　在贛南期間，蔣介石又派他去西北，曾隨張治中先生歷甘肅、青海、新疆等地考察。他寫下日記，名為《偉大的西北》：西北「地大物博，有無窮盡的寶藏。」過去我們認為：「西安是我們的西北了，但是西安還僅是我們西北的心臟。」

　　1948年10月，國民黨統治已岌岌可危，蔣介石派蔣經國為上海經濟督導員，去「割經濟盲腸」，此時，他又寫下了《滬濱日記》：「人心動搖，搶購之風仍繼續發展，米的來源空前少，而市民向米店買米量則較往日增加一倍，這是個嚴重的問題，真是日夜所不能安心者……」

　　1949年，全國解放，宣告了國民黨統治的結束。蔣經國在《危急存亡之秋》中哀歎：1949年的最後一天，「決定生死存亡的一年，就在今夜過去了。」

1957年日記中引錄愛女蔣孝章書稟兩則於下：

7月7日：章女來信錄有西方格言一段，含意甚深，試譯如下：

若求生活無憂無慮，

勸你確實把握今朝，

放下昨天錯誤和挫折，

撇開明天的陰雲暗影，

莫把時光徒用於杞人憂天，

或遐思幻想。

切記每寸光陰都是生命的片斷，

應為造物之神奇而欣喜並心存感激，

用歡樂與信心去迎接人生。

9月13日，日記第四條有如下記載：

近來與章女通訊中，常常談起哲學上的許多問題，章女曾說：「人生的價值，不止是在與人共用歡樂，而更是在與人共用苦難」這兩句話，反映出我的人生觀，在今後的歲月中，余將不遺餘力，為苦難者多做工作，以慰我不安之心。面對敵人不足懼，面對困難不足憂，只怕自己不努力，不肯上進耳。

二十六、江南命案

　　江南，本名劉宜良，江蘇省靖江縣人，後為美籍華人。他早年喪父，由祖父撫養長大。十七歲那年正逢國民黨兵敗大陸，隨蔣經國到臺灣。1950年入「國防部」政工部學習，後又被送到蔣經國任校長的政工幹校第二期受訓，是蔣經國一手培植的政工人員。1954年畢業前夕，決心脫離部隊，他先就讀於臺北市師範大學英語系，後擔任《臺灣日報》記者。由於成績突出，江南被派往香港、菲律賓及東南亞各國採訪，回台後寫成《香港紀行》與《動亂的東南亞》兩書。1967年底，江南被派往美國任駐外記者。工作之餘，江南申請進美利堅大學攻讀博士學位，1972年他讀完課程，準備撰寫論文，其題目正是蔣經國之生平及政治理想。以後因所申請之獎學金無著落，遂在華盛頓市區郎芳購物中心開設禮品店，經商謀生，並繼續寫作。1978年，江南舉家遷至三藩市，於漁人碼頭開一磁器店。1982年，他又在聖馬泰市西爾斯戴爾購物中心另開一瓷器店。在經濟上無後顧之憂後，江南遂用餘力貫注於寫作，《蔣經國傳》就是在此種情形下於1984年正式出版的。

　　《蔣經國傳》一書是江南先生積多年心血之作，且史料價值頗高。美籍華人、任丹佛大學等校教授的謝善元先生認為，《蔣經國傳》「可說是千年來第一本以公正的第三者立場，以他自己的是非標準，在自由的寫作環境下，全面地為蔣經國先生所作的一個勾畫」。該書「取材廣且嚴謹」，「文筆生動，感覺敏銳」。儘管書中還有錯漏之處，但不失為一部有價值的

著作。該書出版之後，立刻成為中文暢銷書之一。由於該書對蔣氏父子的劣跡作了深入的揭露，蔣氏家族對此極為惱怒，視江南為國民黨「叛逆」，欲去之而後快。旋經蔣經國之子蔣孝武秘密策劃，經臺灣當局情報局指派臺灣黑社會「竹聯幫」分子陳啟禮、吳敦、董桂森等人前往美國三藩市刺殺江南。

1984年10月16日，當著名作家江南準備從三藩市帝利市自宅車房去漁人碼頭自營瓷店之際，三顆罪惡的子彈射中了江南頭部和腹部，江南當即死亡，兇手吳敦和董桂森騎單車逃離現場，後在陳啟禮的接應下潛逃臺灣。江南被暗殺是國民黨繼殺害陳文成之後所製造的又一起恐怖事件。

江南被暗殺震怒了海內外華人社會，紛紛發表談話或集會，同聲譴責這一慘無人道的暴行，並呼籲警方徹查兇手⋯⋯

1985年初，國民黨當局指派海外工作副主任專程赴美，瞭解「江南命案」所帶來的後果。返台後，就此發表文章說：「他對江南事件影響台美關係之深，危害國家之大，知之甚詳，感到非常痛心。」駐美國的一位臺灣工作人員說：「對美工作的成果，好不容易點點滴滴積累起來，江南命案發生，卻讓人給整個一大桶倒掉，糟糕透了」。就連蔣經國在召見郝柏村時，也不得已而慨歎台美關係「經過數年來所獲得的進展與成就，將因劉宜良被殺案受到嚴重傷害。」

二十七、特製講稿

　　很多老一輩的朋友如果聽過蔣經國演講的，對他長江大河似的口才，必定是印象猶新，大部分人都不曉得，他是完全靠背誦講稿，才會如此滔滔不絕的。

　　因為蔣經國演講向來是不看稿子的，多半是他在要演講的一個禮拜前，就開始在家裡先把要講演的稿子，背得滾瓜爛熟，然後等到臨場時，再很靈活地使用早在腦子裡的稿子，好像和一個老朋友說話似的，行雲流水，很流利地講出來，再配合他演講時的豐富表情和抑揚頓挫，就能成為一場十分生動的演講。

　　1987年「行憲紀念日」前夕，他為了準備到「中山堂」向所有「國民大會代表」演講，在十分沉重的病痛中，還背誦翌日要去公開發表的演講文稿。當時蔣經國的視力已十分衰弱，為此，他的秘書王家驊特地要人寫一份特製演講稿，專供蔣經國閱讀之用，這個特製的講稿，上面的每一字都極大，因為，只有如此，蔣經國極度退化的視力才可勉強看得見。

　　蔣孝勇擔心他沒辦法和以前那樣，把講稿很流利地在大會現場朗誦出來，所以，特地在大會會場，作了一些特殊的佈置。例如，在蔣經國要上去講話的那張講臺上面，製作了一個呈弧行的板子，這塊板子主要是為了可以放置蔣經國的那份大字講稿，可以讓他在忘記內容時看上一眼。

二十八、病疴浮沉

　　1982年2月，蔣經國第一次住進了臺灣榮民總醫院，由美國著名眼科專家主刀，醫治視網膜出血。他患的是糖尿病，後期引發了眼疾，病情一天重似一天。

　　沒有多久，臺灣上下又盛傳蔣經國第二次住院開刀治療眼疾的消息。令民心再波動一番。據知情人講，此次住院純屬偶然。蔣經國辦事一向具有親和作風，上高山、下漁場，無分巨細，事必躬親。有一次去屏東巡視農漁建設，行至郊外途中，突來傾盆驟雨。其隨侍人員之一急忙撐開自動彈簧傘，欲為長官遮風蔽雨。不知是過分緊張抑或是太過敬意，慌亂之中，雨傘竟觸及蔣經國的眼鏡。立時，眼鏡破碎，碎片割傷了眼睛，眼角滲出絲絲血絲。闖了禍的侍衛大驚失色，自認做了「犯上」之舉，一時窘嚇得手足無措，蔣經國說：「不要緊，不要緊，你不是故意的。」

　　當天返臺北後，侍從醫生為蔣經國做了消毒等初步醫治，症狀沒有繼續惡化，他便沒有太在意。過了一天，蔣開完國民黨中常會之後驅車赴榮民總醫院做進一步檢查，眼科醫生把他「留住」了，說必須馬上施行手術，於是在毫無心理準備之下又住院了。

　　不知何故，蔣經國兩次住院治眼疾的消息都對社會隱秘不宣。正應驗了欲蓋彌彰的法則，越是頂級絕密之事，越是傳得快，亦越加神秘化。臺灣民眾對他這次住院難免不產生聯想：是第一次手術沒有做好而復發再治嗎？是糖尿病日益嚴重

頻發眼疾嗎？小蔣總統的身體到底壞到了什麼程度？還能撐持幾年？

3月29日，蔣經國到圓山忠烈祠主持春祭。離開大直官邸進入忠烈祠大門，在通過儀仗隊致敬登上臺階那不到一百米的路程中，他身體竟有些搖晃。兩位侍從人員見狀趨步向前，攙著蔣經國走到祭堂主祭位置。儀仗隊禮兵將花圈抬至他面前，他已沒有力氣照例親執花圈鞠躬，只是用手簡單摸一下了事。顯然，他已有些力不從心了。他心裡是一定不願讓人們看到這副快快病態的，但電視新聞還是忠實地將他顯現在百萬觀眾面前，這再次引起了島民的猜測和議論。

接著，4月5日是蔣介石逝世紀念日，原定蔣經國親自到中正紀念堂主持紀念儀式。4月4日為慎重起見，調集三軍儀仗隊、樂隊預先排練一次。中正紀念堂臺階達數十級，蔣經國在登上臺階走到大堂銅像前之途中，又感不勝體力。第二天的儀式臨時改由行政院長孫運璿主持，他本人則在慈湖陵寢率眾官員行禮。

「雙十節」典禮上，蔣經國沒有在總統府受禮台露面，只在陽臺上致詞。因他面部浮腫日益嚴重，像只吹滿空氣的氣球，閃閃發亮，加上步履維艱，再在公眾面前亮相恐有損領袖形象，有損國威。

但從第二年的「雙十節」起，蔣經國又奇跡般地出現在民眾面前，不僅在總統府陽臺上致詞，而且還在總統府禮堂內主持了中樞「國慶典禮」，到慈湖拜謁蔣介石陵寢，接著又到金門和澎湖巡視，親自鏟土植樹，「龍體」似乎日臻安康。

據大直官邸傳出的小道消息，蔣經國的康復得力於兒女親家、前「國防部長」俞大維推薦的一位老中醫之手。

於是，總統府正式將老中醫請到總統府官邸診斷，望、聞、問、切，樣樣不漏。末了，開出相同藥劑的五副中藥，

交待將其中兩副煎了之後送交藥理部和病理部門分別化驗研究，要等化驗報告證明這一方劑對皮下積水有消退作用後，再將其餘三副煎服。

這位元老中醫，自然深諳政治規則。他說：「總統先生的身份非凡人可比，不得不慎之又慎呀。」眾人遵循老中醫的說法如此這般做了。由藥理、病理專家分析兩副中藥的性能，結果都認為對浮腫有效，即使功能不明顯也無害於人體，然後將三副中藥煎了讓蔣經國服了下去。

奇跡竟然出現了，蔣經國的皮下積水消了，浮腫退了，行動也靈活了。

自然，老中醫還有醫囑，就是要更加注意健康，隨時進行和緩的體能運動。蔣經國也有「遵命」的時候，愉快地接受了「醫囑」。

到了1985年，蔣經國的身體勉強維持兩年後又繼續發生病變。做過眼部白內障切除術，裝上了人工心臟起搏器，但仍時常感到頭昏氣短，難以呼吸。他已難以持久站立，以致不得不乘坐輪椅主持一些重要會議，從此進入「輪椅政治」時期，直到逝世，他沒有離開過輪椅。

至1978年，島內沸沸揚揚傳播著蔣經國病情惡化的種種小道消息，不僅政界人士如失支柱，股票市場也受牽暴跌，一股暗流在悄悄醞釀，誰也無法預料會不會「天塌下來」。

10月8日，臺灣各大報紙登出「預告」：蔣總統將親自出席10月10日的「國慶」活動。10月10日，蔣經國坐著輪椅進入「總統府」禮堂，準備主持各級官員參加的中樞國慶紀念典禮。在人們的翹首企盼下，蔣經國的全部講話只有如下幾句：「經國的國慶講詞，已經印出來了，就不再宣讀。現在請李副總統作專題報告。」

李登輝上臺沒有講幾句，蔣經國就示意隨從推他離席了。

「國慶」活動是要接受外國「使節」祝賀的。蔣經國的輪椅又被推到「總統府」大會客室，準備接受各國外交「使節」和夫人的祝賀。

在外賓面前，蔣經國也無法掩飾自己的病態。按外交禮儀，賓主雙方應握手致意，並象徵性交談幾句。但蔣經國只是稍稍抬一下右手，讓外賓輕輕觸摸一下過去了。老外對蔣的病情也早有耳聞，有備而來，因此也應付得從容自如，見怪不驚。

之後，蔣經國坐著輪椅出現在總統府陽臺上，向民眾致詞，實現報紙上的「預告」。人們看到的是一個暮年體衰，無力支撐的老年人形象，再不是生龍活虎的「小蔣」了。

1988年1月13日，蔣經國病故於任上。

蔣經國突逝之後，除了舉島致哀外，臺灣輿論還盛讚蔣經國執政時期的兩大政績：「恢弘民主憲政，創造經濟奇蹟」。特別是對蔣經國的經濟領導才能，各方推崇備致。鄭竹園在紀念蔣經國的文章中稱：

「38年來，臺灣最大的成就，莫過於經濟建設的成功，使臺灣由一落後的農業地區，蛻變為高度工業化的社會」「臺灣經濟騰飛，雖自民國54年開始，但經濟之持續成長，對外貿易的大幅上升，人民生活的顯著改善，卻是經國先生出任行政院長後才實現。經國先生非經濟專家，但具備英明領袖的特質，故能領導經濟建設」。

臺灣經濟專家李國鼎也宣稱蔣經國：「創造舉世聞名的臺灣經濟奇蹟」。

二十九、父子遺體

　　蔣介石、蔣經國在上世紀七八十年代先後過世，他們的遺體如何保存始終是個謎。臺灣報章後來披露，防腐師在處理二蔣的遺體時，一邊放血，一邊注入福馬林。蔣經國生前因患糖尿病，防腐時更須費心。

　　蔣介石、蔣經國遺體防腐手術是由計、雷兩位老先生完成的。八十餘歲的計老先生患輕微老年癡呆症，雷老先生已過世。計、雷嫡傳弟子──臺北市殯儀館管理處員工田幸發對記者說，他們兩人年輕時均在上海殯儀館工作，1949年來到臺灣，後來相繼進入臺北市政府殯葬處。1975年蔣介石過世時遺體防腐，是由計老先生負責，1988年蔣經國過世時則是由雷老先生負責。曾在旁幫助遺體翻身，洗血水的吳興華說，計老先生的防腐技術很傳統，是吊點滴式的，即在人體打四個洞，再將福馬林灌進點滴洞，讓福馬林順著管子進入人體。後來雷老先生做了改進，只在身上打兩個洞，將福馬林打進人體。田幸發曾聽計老先生的夫人談過蔣介石的遺體防腐過程，是一邊放血，一邊注入福馬林，注入太多屍體會腫，太少又不行，注入後還要輕輕按摩、拍打，以充實血管中的福馬林。然後置於楠木棺內，棺外再加厚槨，予以保存。

三十、移靈風波

　　1996年1月，臺北榮民醫院同時住進了兩個蔣家人——主動脈剝離未癒合的蔣緯國和患食道癌的蔣孝勇。自覺來世已近，叔姪倆因感慨在李登輝統治下的臺灣政治形勢的日益惡化以及蔣家後代的風雨凋零，談到了目前暫厝慈湖、頭寮的蔣家兩位已故總統蔣介石、蔣經國「移靈」大陸之事。均認為有重要性、迫切性。

　　由於事關重大，蔣孝勇親赴美國向「大家長」宋美齡請示，為宋美齡首肯。蔣緯國曾透露宋美齡的意見：「可以就兩位故總統的『奉安』問題開始進行研究和策劃。樹高千丈，葉落歸根。」「奉安原鄉，才算入土為安。」並且說：「如果大陸方面同意把他（蔣介石）葬在中山陵，我也同意在過世後，葬在上海我母親的墓旁。如果大陸只讓老『總統』回浙江，她就陪老『總統』。」至於宋美齡在美國已經購置墓地一事，蔣緯國說：「這是萬一回不去，不得不做的權宜之計。」

　　在沒有和蔣孝勇事先商量的情況下，蔣緯國在1996年7月8日中國國民黨臺北市黨部直屬第六小組會議上，突然提出了蔣介石、蔣經國「移靈」大陸的臨時動議。蔣緯國在「移靈」案中，提請中國國民黨中央成立故總統「移靈」大陸籌備委員會，奉安落土，以安民心而促成和平統一。其提案主要內容為：「一，我中華民國在國際壓迫、國內不安之狀況下，不意之暴動，仍有發生之可能。二，證諸事實，我民族領袖先總

統蔣中正先生之銅像，被破壞或汙損，已有數起。方今就在首都所在地，總統府前介壽大道已被易名，對臺北市區原總統官邸，正有被侵改其他用途，顯示不安現象。三，對慈湖與頭寮陵寢，已有隨時被突擊之可能，此事絕不許做『萬一』之苟且！必須做『萬全』之策劃與準備。尤其中正先生之遺靈如遇不測，本黨將難辭其咎。」

很明顯，蔣緯國、蔣孝勇的「移靈」主張，隱含著強烈的「反李」、「反台獨」意味。蔣緯國、蔣孝勇不是不清楚，在海峽兩岸關係之僵局沒有打破前，奢談蔣介石、蔣經國回老家，實際上並不具有任何可操作性。但是，他們對於從「台獨」的「總統」李登輝到「台獨」的臺北市長陳水扁的不安和不滿不吐不快。兩位「老主人」的遺體尚暫厝於臺灣，「新主人」已經沒有「尊重」的耐心了，已經是在或明或暗地努力破除「中華民國」和「國家統一」的政治圖騰了。陳水扁擔任臺北市長後，以所謂「空間解嚴」的托詞，將過去至崇的「第一家庭」的神密面紗一一揭開，直接開始了與蔣家的一段恩怨史。他上任後，與蔣家交手的第一件事，就是拆除位於臺北市至善路的蔣緯國別墅。接著，又相繼開放了士林官邸、草山行館，並改「總統廣場」介壽路為凱達格蘭大道。而整個臺灣島內蔣介石的塑像和蔣經國的畫像被毀、被汙的事件更是屢屢發生。這一切，不能不令蔣家後人寒心和產生不祥之想。

因此「移靈」案一出，立刻在臺灣島內引起震動。對於蔣緯國的提議，新黨立法院黨員召集人朱高正指出，這種做法會產生一定的政治效應，對於臺灣當局的合理性、合法性將是「當頭棒喝」。他強調，靈柩移回大陸，可以給大家一個內省的機會，回頭看看兩位蔣總統對於臺灣的貢獻。朱高正說，兩位蔣總統至今不安葬，是因為希望將來國家統一後，能夠遷回

大陸安葬，而蔣家後人現在欲將靈柩遷回大陸，是否代表了未來國家統一已經無望？

　　據與蔣緯國接觸頻繁的新黨人士馮滬祥透露：近幾年蔣緯國多次在公私場合談到兩蔣「移靈」大陸的想法。蔣緯國說：「以前蔣介石還在世時，對於他百年之後墓地的選擇，曾經講過兩個地方，一是南京中山陵下的正氣亭，可與孫中山長伴左右；二是老家奉化雪竇寺的妙高臺。至於蔣經國，則在生前多次提及希望國家統一以後能安葬在溪口其母毛氏之墓旁。」如今蔣緯國之「移靈」說，對於墓地的選擇，仍是以上述地點為考量。

　　對蔣緯國的提議，中國國民黨高層人士以個人意見指出，兩位蔣總統的遺體不屬於國家，只有其家屬有權決定如何處理。但是一方面須要尊重宋美齡及蔣方良兩位遺孀的意見；另一方面，也要考慮此舉的象徵意義即可能對臺灣島內、以及海峽兩岸關係產生的政治影響和衝擊，包括具體操作層面如「奉安」過程臺灣當局的黨政官員能否去大陸，以後的謁陵活動如何進行等等。

　　對於蔣緯國的提議，中國國民黨中央委員會常務委員會召開會議討論，認為「移靈」時機不合適。李登輝指示中國國民黨中央成立以蔣彥士為召集人的「奉安」研究小組，並表示由於兩位蔣總統系國家元首，重葬非普通百姓歸葬故鄉，奉安乃「國葬」，站在國家和國民黨的立場，目前時機不成熟，中國國民黨支援暫厝於臺灣的兩位蔣總統的遺體送返大陸正式下葬，但是應該在國家統一以後。

　　1996年8月7日，中國國民黨中央成立的以蔣彥士為召集人的「奉安」研究小組進行第一次會議，一致認為此時絕非「移靈」的適當時機，認為「移靈」會「傷害臺灣人民的感

情」。辜振甫等人並建議是否可以考慮兩位蔣總統在臺灣安葬。最後蔣彥士做三點結論：第一，兩岸情形並未改變，此時討論「移靈」非適當時機；第二，兩位故總統暫厝地加強安全維護；第三，由蔣彥士、吳伯雄、辜振甫三人隨時和蔣氏家屬聯繫，如家屬有新的意見，研究小組隨時可以開會。

為了阻止蔣緯國提議的令李登輝「難堪」的「移靈」案成行，中國國民黨中央請出已為李登輝效命的章孝嚴（時任臺灣當局的「外交部長」）出面發表「代表蔣家」的進行反對的不同聲音，即所謂「蔣家事由蔣家人來講」。

1996年8月23日，中國國民黨中央評議委員蔣緯國，在中國國民黨第十四屆第四次中央評議委員會會議上，以書面提案（陳立夫、夏功權連署）重提兩位故「總統」「移靈」案。他要求中國國民黨中央將目前成立的「奉安」研究小組改組為「移靈」籌備委員會，參酌「國父」孫中山先生「移靈」模式展開行動。蔣緯國在提案中提出五項說明：第一，他是經由侄子蔣孝勇轉知其母親宋美齡有關兩位故「總統」移靈構想後，才在7月8日向中國國民黨臺北市黨部直屬小組會議提出臨時動議，希望中央成立故「總統」「移靈」大陸籌備委員會，其精神在盡人之孝道，以符合中國人「樹高千丈，落葉歸根，入土為安」的傳統習俗。第二，近年臺灣社會政治狀況，親「台獨」氣氛高漲，對故「總統」污蔑言行屢見不乏，明年縣市長選舉勝敗如何尚未可知，老夫人年邁近百，她和孝勇皆重病纏身，係提出此案的原始動機。第三，兩岸關係雖呈緊繃狀態，但是中央如果就「移靈」案和中共聯繫溝通，或可作為鬆綁僵局的催化劑，更可考驗中共不計前嫌促成統一的誠意。第四，「國父」孫中山先生逝世於民國十四年三月，十八年元月始「移靈」安葬於南京中山陵，歷時四

年多。在臺灣民選底定，人事佈局就緒後，正是著手成立籌備委員會之時。而在李登輝「總統」民選「總統」任期內欲完成，時間僅剩三年七個月，日見急迫。第五，兩位蔣「總統」傾畢生之力，建設臺灣，力求追求國家統一，對黨國世界之貢獻應為兩岸人民和國際世界所肯定，長期暫厝臺灣，有違傳統習俗，於全會提案，希望全黨回應。蔣緯國同時並建議三點處理意見：第一，目前「移靈」時機固未成熟，但開始籌畫「奉安」以及和各方溝通的時機已見迫切，建議將中央成立之「奉安」研究小組，盡速改組為「移靈」籌備委員會，認真研究相關事項，逐步採取行動，以催化「移靈」時間的早日到來。第二，在行動之前，慈湖和大溪之安全必須絕對保證，「移靈」之時起，至奉安之地間，沿途安全細則亦應有專組籌畫以便洽定。第三，兩岸恢復會談時，或密派專使，作有力之誠懇要求。中國國民黨中央評議委員陳立夫指出，他是在沉痛的心情下，參與蔣緯國要求成立「移靈」籌備委員會案的連署的。他表示，中國國民黨中央對各地「總統」像遭到破壞都不置一詞，是令蔣家要求「移靈」的主要原因。

　　同一天，一直對「移靈」未公開發表意見的蔣孝勇，在以中國國民黨中央委員的身份出席中國國民黨第十四屆第四次中央評議委員會會議開會典禮後，舉行臨時記者會，對中國國民黨中央處理「移靈」措施，進行嚴厲批評。蔣孝勇指出：「『移靈』應是很單純的事，但現在似乎把它太政治化了。各地有各地的習俗，中國人講入土為安，他不希望變得如此敏感。至於李登輝讓他當中央的『奉安研究小組』成員，他說他是不會參加這個會議的，找『讓人瞧不起的人』來做這件事，來主持，即使會議有結論，我也不會接受，家裡也不會接受。」他認為中央的「奉安」研究小組召集人蔣彥士不夠

資格處理「奉安」事宜,至於章孝嚴,蔣孝勇也認為不夠資格,因為「入門都沒有入,而且這件事是蔣家的事,不是章家的事。」對於有人質疑,此時兩蔣「移靈」大陸可能會被羞辱,蔣孝勇情緒激動地表示,把屍骨讓敵人羞辱,甚至被鞭屍,總比被自己人鞭屍還好一點。針對兩蔣可能被鞭屍的說法,蔣孝勇認為是有可能的。他說,中國國民黨能打保票說下屆兩蔣陵寢所在的桃園縣長的選舉一定能贏嗎?對於大陸海峽兩岸關係協會副會長唐樹備曾經表示「移靈」應在中國統一以後,蔣孝勇認為:「中共可能是認為兩位先人留在臺灣,兩岸可能還有『臍帶』關係;如果現在『移靈』,這種關係可能就會切斷,雙方關係又要遠一點。」

1996年10月17日,蔣彥士、吳伯雄、辜振甫三人在中國國民黨中央黨部對蔣緯國進行勸說。提出中國國民黨中央有兩個建議方案:第一是「移靈」大陸,但是考慮中共方面不可能以「國葬」禮的尊崇儀式,以及海峽兩岸形勢亦不容許此時「移靈」,故傾向第二方案,即以「國葬」禮「奉安」臺灣,等待時機成熟後再遷葬大陸,即所謂分兩階段「移靈」方案。對於此議,蔣緯國持保留意見,而蔣孝勇則發表聲明絕不同意。

為了向蔣孝勇施加壓力,中國國民黨中央派「中華婦女聯合會」秘書長辜嚴倬雲女士赴美國,向宋美齡徵詢意見。據稱,宋美齡表示同意「奉安」研究小組會議提出的「以國葬奉安臺灣,並俟兩岸關係變化之適當時機予以遷葬大陸」的處理原則,唯一要求是「兩位蔣故總統」必須葬在中華民國的國土上。接著,中國國民黨中央又派「奉安」研究小組成員蔣彥士、辜振甫與辜嚴倬雲一起拜會蔣方良,向她解釋「奉安」研究小組的分兩階段「移靈」方案。據稱,蔣方良沒有表示反

對。1997年4月23日，中國國民黨中央委員會常務委員會通過「先總統蔣公暨經國先生移靈奉安案」。

但是，蔣孝勇至死都不相信所謂兩位「蔣夫人」尤其是宋美齡同意說。堅決反對中國國民黨中央的分兩階段「移靈」方案，1996年10月號的臺灣《遠見》雜誌曾經發表該刊發行人兼總編輯王力行採訪蔣孝勇的一篇報導，題為《蔣孝勇的最後聲音》，其中涉及「移靈」案時，蔣孝勇言：

祖父和父親當時暫厝，就是希望統一之後才遷葬大陸。我從大陸回來後，曾向叔叔說過處理「移靈」問題有三個原則：第一，不要凡事比照孫中山先生；其次不要強調「國葬」；第三，大陸對這個問題有他們自己的利益和立場，所以短期之內不會接受。既然這個問題短期內不可能解決，目前做不必要的爭議毫無意義，所以應暫時不做處理。至於就地『國葬』，也沒有必要，臺灣民間習俗是七年撿骨，也已經過了時間。

國民黨移靈研究小組處理這個問題犯了錯誤，不能把這個問題泛政治化。何況法律上國民黨無權決定，現在有權決定處理方式的，在祖父方面是祖母；在父親方面是母親，這是法律上的優先權，國民黨不能自行決定。現在講就地奉安後再遷葬，說得不好聽，這在將來就是民間講的挖祖墳，我們做子孫的於心何忍？

大多數人都希望紐約蔣夫人出來講話，祖母自民國以來，有其必然的歷史地位，也是二次世界大戰至今真正有影響力、碩果僅存的人，我認為絕不可能為了一己之私，而去影響她應有的歷史地位。如果她單方面有意思表達，而又不為人所敬重，其中包括在上位者，那是不能讓人安心的。這幾年我一直守住這個原則。所以很多事情我祖母那邊從來都不講話

的，她並不是沒有意見和想法，但是我做晚輩的一定要堅守這個原則，絕對不能讓她說了話而沒有用。

至於有人言及由於兩蔣靈柩的浮厝，以致對蔣家後代有不良影響的「風水」問題，蔣孝勇回答是，他不相信這一套：「很多人的確有這方面的說法，認為老人家未能入土，對後代不好，也有人說父親的頭寮陵寢後面是斷壁，這表示沒靠山，很不好。但是我們沒這麼迷信，是我叔叔比較迷信。我認為祖宗留給我們的恩澤很豐厚，我贊成人要靠努力，否則命再好，不努力還是無法出人頭地。如果要講風水，曾祖母的風水被形容在彌勒佛的肚臍上，是很好。但是照中國人講究風水，那麼風水比我家好的人實在太多，這樣豈不是到處是英雄？」

蔣孝勇故世後，蔣方良通過方智怡向中國國民黨中央黨部表達了希望蔣介石、蔣經國維持「暫厝」不變的意願。「移靈」案遂不了了之。

上篇：風雨歷程

三十一、「蔣寢」揭秘

　　2008年6月，有消息說，蔣介石慈湖陵寢之內，另有秘密軍事通道，密道接連五十年前蔣介石指揮「金門炮戰」的「地下指揮所」。同年十二月，整修之後的密道以及地下指揮所將向大陸遊客開放。

　　兩蔣陵寢，分別位於臺北桃園的慈湖和頭寮。

　　1975年4月5日，蔣介石病逝臺灣。老蔣生前留下遺言：「日後光復大陸，中正（蔣介石自稱）生於斯長於斯，要將遺體移返南京，葬於中山先生之側。」可惜，無論是當時的兩岸關係還是今日的兩岸現狀，蔣介石移靈、安葬於南京紫金山孫中山陵墓之側的想法，都是很難實現的，因此，直到今天，蔣介石仍暫厝於桃園慈湖。

　　1988年1月13日，蔣經國也以「總統」身份在臺北去世。去世之前，亦留下遺言：「表達自己日後願意歸葬浙江奉化溪口—葬在母親毛福梅墳前——以便『死後盡孝』」。不過，既然老蔣不能移靈大陸，小蔣也只好暫厝臺灣，陪伴在父親「身邊」。

　　根據臺灣媒體的最新報導，老蔣遺體的善後處理，與海峽彼岸毛澤東遺體的處理方式並不相同。1976年之後的毛澤東，安臥在水晶棺材之中，毛澤東遺體經過特別防腐處理，恒溫恒濕，因此迄今保存完好。

　　但老蔣1975年逝世之後，據說家屬堅持不贊成掏空其內臟，因此就算臺灣當局對老蔣遺體加倍愛護，予以防腐處

理，楠木棺外，再加厚槨，但蔣介石貼身衛士仍然認為——蔣「總統」的遺體，應該早已腐爛了。

眾所周知，蔣介石浙江奉化溪口人，蔣家父子深受儒家觀念影響，向來恪守「樹高千丈，葉落歸根」，因此蔣介石從中年起，就開始考慮自己靈魂的歸宿。根據國民黨的史料記載，1949年之前，蔣介石曾在大陸選定過三次墓地，南京中山陵始終為其「首選」。

但是，孫中山雖被國共兩黨尊為「國父」，蔣介石卻只是1949年之前的中華民國大總統，1949年1月起，老蔣就變為中共「一號戰犯」。讓蔣介石歸葬中山陵，恐怕不現實。

遙想「文革」期間，蔣介石的結髮之妻毛福梅（蔣經國之母）和母親王采玉的奉化之墓，均曾被無法無天的紅衛兵搗毀。據親歷者懺悔稱，當年的紅衛兵、紅小兵甚至把兩口棺材從墳中挖出，然後澆上汽油焚毀……

如此慘劇，直至「文革」結束，始由北京高層出面糾正，下令將蔣家之墓按原樣修葺一新。或許正因為看到了蔣家祖墳被大陸政府修葺一新的照片，蔣經國才會留下遺言：「死後願歸葬浙江奉化溪口鎮，長伴慈母。」

令人欣慰的是，隨著蔣經國辭世，兩岸關係改善，蔣家後人也開始務實了。1996年7月，蔣介石次子、蔣經國的弟弟蔣緯國提出一項議案：「已故兩總統移靈大陸籌備委員會」。

坦率講，如果蔣介石不葬南京，而是與蔣經國一起歸葬浙江奉化，問題就會簡單許多。奉化乃兩蔣出身之地，大陸自然不會拒絕兩蔣回家。隨著蔣緯國提出的議案在臺灣得到通過，蔣經國之子蔣孝勇便於1996年前往浙江奉化，實地考察。

從大陸返回臺灣後，蔣孝勇曾表示：「祖父（蔣介石）和父親（蔣經國）當時暫厝，就是希望統一之後再遷葬大陸。」

2007年12月3日，蔣介石三孫媳、蔣孝勇的遺孀蔣方智怡，在前往慈湖陵寢謁靈時再次表示：蔣家絕對不會把兩蔣遺體移到臺灣「國軍軍人墓地」，蔣家後代會遵照蔣經國遺願，選擇適當時機，把兩蔣遺體直接移至浙江奉化安葬。

大陸能夠接納「兩蔣回家」的另一個重要政治背景是，民進黨、陳水扁始終把「去蔣化」和「去中國化」聯繫在一起，站在統一中國的立場看，蔣介石、蔣經國能否魂歸大陸，或許是兩岸關係冷熱的一個重要指標。

2007年，即將卸任的陳水扁，曾經瘋狂地推行了一系列「去蔣」政策，宣布臺北「中正紀念堂」為民主廣場，拆除高雄蔣介石銅像，撤銷兩蔣陵寢的憲兵守衛，甚至關閉了兩蔣陵寢並且縱容綠營民眾燒毀了蔣介石的草山行館……與此同時，陳水扁還下令，要求臺灣「中華郵政」等機構立即更名。

所幸者，馬英九上臺執政後，情況發生逆轉，2008年5月31日，臺灣桃園縣長朱立倫，早早站在兩蔣陵寢門口，恭候臺灣乃至世界各地的遊客。這一天，距離兩蔣陵寢關閉，已近半年之久。重新開放的第一天，天空小雨，臺灣各地民眾仍有超過一萬人冒雨前往拜謁。

至6月16日，臺灣「國防部」批准，重新批准三軍儀仗隊進駐兩蔣陵寢守護。至6月21日，儀仗隊憲兵更恢復了在兩蔣陵寢之前的花色操槍交接表演。

稍早前，桃園縣報經臺灣「國防部」批准，已經對蔣介石陵寢的後半部分，也就是後慈湖首次對外開放。桃園縣長朱立倫更對外宣布：蔣介石慈湖陵寢之內，另有秘密軍事通

道，該通道在地下開挖，連接著五十年前蔣介石指揮「金門炮戰」的「前線指揮所」。而整個後慈湖的山下，還同時開挖有臺灣「立法院」、「行政院」、「監察院」、「考試院」等五大系統的單獨地下辦公機構。

據臺灣媒體預測，兩蔣陵寢（慈湖、頭寮）的重新開放，經濟「錢景可期」。蓋因蔣介石、蔣經國的名字在大陸民眾之中，同樣如雷貫耳，去臺灣看看曾經的「人民公敵蔣介石」和「臺灣改革之父蔣經國」，應該是許多大陸遊客的好奇與興趣。

5月31日，兩蔣陵寢重新開放之日，朱立倫縣長率桃園各級官員前往慈湖恭候遊客，見到記者，他們講得最多的一句話是：「桃園準備好了！」大陸遊客呢，顯然也是「準備好了」。遊客中的許多人，或許都準備去和陵園內真人裝扮的蔣介石、蔣經國「模特」合影，表示「本人到此一遊」！

三十二、蔣家後代

　　蔣家是中國近代史上最重要的政治家族之一，第一代的蔣介石、第二代的蔣經國都曾經是中國現代史上很有影響的人物。但是，歲月滄桑，世道無常，這個曾經盛極一時的政治家庭，非但沒有了昔日的榮華富貴，相反卻零落到子孫不全。第三代嫡系紛紛英年早逝，如今的蔣家只剩下一門孤寡和尚且年幼的第五代，箇中的人世滄桑、悲歡離合確讓人唏噓！過去的蔣家人總是深藏在重重幕後，在一般人眼中，他們的身份和地位無疑是令人欽羨的，但是在這種鐘鳴鼎食的背後，蔣家人究竟是如何生活的呢？

特立獨行：蔣緯國的夫人與兒子

　　蔣緯國的夫人丘如雪從輩份講雖屬第二代，但年齡並不大。過去她總是躲在蔣家重重的帷幕之後不願拋頭露面，這樣一來令她更添幾分神秘。

　　丘如雪的英文名字叫「Ellen」，媒體常稱她為丘愛倫。丘如雪幼時經歷坎坷，她的母親是德國人，生父是中國人，是中德混血兒。在二次大戰中，丘如雪與母親失散，隨父親留德，後由前國民黨中央信託局總局長顧問丘秉敏撫養長大。1950年，丘秉敏把妻兒從香港接到臺灣居住。來到臺灣之後，他們的生活在當時是稱得上富裕。1951年初，當臺灣人還在打赤腳的時候，丘家每個星期四都可以聽到由香港進口的交

響樂唱片，而且還進行「音樂賞析」。丘如雪性格單純而又沉靜，喜歡讀書和瞭解新鮮事物，和家人的感情十分深厚，所以備受家人的寵愛。

讀大學的時候她便認識了蔣緯國，從此她的命運便發生了巨大變化。1957年的一天，丘秉敏攜丘如雪參加一個聚會。在舞會上，中德混血兒的丘如雪以她獨特的美麗和高雅的氣質，吸引了在場的所有來賓，蔣緯國更是「驚若天仙」，於是對其展開了熱烈的追求。對於丘如雪與蔣緯國的戀愛，丘家成員紛紛反對，他們十分明白與蔣家沾上關係後的後果。何況蔣緯國比丘如雪整整大了十八歲。為了把丘如雪和蔣緯國分開，丘父硬是把丘如雪送到日本讀書，好讓她冷靜下來。但是，雖然她與蔣緯國相隔千里，蔣緯國依然發動了猛烈的情書攻勢，鴻雁傳書，兩年後丘如雪還是成為蔣家媳婦。

丘如雪小蔣緯國十八歲，他們之間感情既像夫妻，又像朋友、兄妹、甚至父女。丘如雪的姐弟們也從不把這個風趣、隨和的姐夫當外人，而以「哥哥」稱之。丘秉敏為了這個女兒女婿也做出了較大的犧牲，他刻意淡出仕途，且赴美過著隱姓埋名相當低調的日子。

丘如雪婚後像蔣家其他媳婦一樣，很少在公眾場合露面，她大部份時間都在台中宣甯中學旁邊的小屋中陪伴蔣緯國的養母姚夫人。一直到1967年姚夫人去世，她才搬回臺北。由於丘如雪的繼母於1959年就去世了，所以她不但要照顧夫家，還要兼代母職，照顧她的弟妹。過去這些年，她不斷往返於美台兩地，一邊要陪伴「老夫人」宋美齡，一邊要照顧當時臥病在床的蔣緯國。因為她會說英語和標準的浙江話，所以宋美齡一直離不開她，她自己在美國工作生活的時間也多些，直到蔣緯國1997年病危，才又回到臺灣。丘如雪是一個最不像官

夫人的官夫人，她從來不在鎂光燈下露面，喜歡過普通、平凡的日子。她經常出入幼稚園做義工，也從來不把「傭人」當「下人」看待。近年來，丘如雪在美國過著自食其力的生活，靠著從小培養的鑒賞力與品位，在美國從事室內裝潢設計工作。她賺的錢不多，但卻能養活她自己，並供給兒子上學。她喜歡這種「平民」生活，如果要她在蔣家媳婦與「自我」之間作一個選擇，恐怕她寧願選擇自我，這也是她從蔣緯國身上得到的最大快樂，因為蔣緯國相當信任她，給了她自主的空間與寶貴的自由，以及一般蔣家人少有的「不拘束心」。蔣緯國的去世，令丘如雪終於卸下了蔣家的包袱，她從此可以更加自由地選擇自己的生活。

　　蔣緯國夫婦只育有一子，起名孝剛，他是蔣緯國夫婦的驕傲。蔣緯國的原配石靜宜曾懷孕九次，但都以流產而告終，最後一次還胎死腹中，直接地造成了石靜宜的早逝，蔣緯國對此一直耿耿於懷。丘如雪也是流產幾次才生下蔣孝剛，對孝剛而言，丘如雪是一個不一樣的媽媽，她拼命地想把兒子拉離蔣家的圈子，尤其不願蔣孝剛的幾個大他好多的堂兄（蔣經國的三個兒子）與他接近，以免把他帶壞。蔣介石生前曾千叮嚀萬囑咐，一定要把蔣孝剛送出國，否則以後一定會步他幾個堂兄的後塵。丘如雪對此十分贊同，蔣介石一過世，她就帶兒子去美國讀書。所幸的是，蔣孝剛十分爭氣，他在英國劍橋大學畢業後，又在美國紐約市立大學取得了法學碩士學位，並在美從業。蔣緯國覺得自己一生被哥哥壓著鬱鬱不得其志，只有在兒子這項上勝過了蔣經國，令他覺得無比的驕傲與欣慰。蔣孝剛在父親患病期間回到臺灣就業，以便照顧父親。他曾經還想過攻讀政治學，但是被母親嚴拒，丘如雪甚至對他說：「你想學政治？可以！除非你從

我屍體上跨過去！」但是人們還是關注著這位蔣家的後人是否會繼續邁向仕途。

堅強與自信：蔣孝文的妻子和女兒

徐乃錦小名「南茜」（Nacy），生於1938年，是蔣家的長孫媳，也是除宋美齡外，最常在媒體上露面的一位，這種自信和獨立的性格在她幼年就表露無遺。徐乃錦的母親是德國人，中西合璧的她，鼻樑高挺，美貌出眾。她有一位名聲顯赫的祖父，那就是反清英烈徐錫麟。徐乃錦的父親徐學文是留德博士，在德國結識了徐乃錦的母親徐曼麗，兩人回國後在上海成親。在臺灣期間，徐學文曾擔任樟腦局局長，為官清廉，內向耿直，頗為蔣經國欣賞。徐乃錦的母親則熱情好客，樂善好施，對女兒的影響很大。她後來之所以能頂住重重打擊，盡心照顧婆家和服務社會，與家庭的教育是分不開的。

徐乃錦是蔣家媳婦中學歷最高的一個。中學畢業後，她先到德國學德語，然後進入美國加州大學柏克萊分校攻讀心理學，取得碩士學位後，又進入華盛頓天主教大學進修戲劇。她精通中、英、德、法四國語言，為今後在「女青會」的工作打下了良好的基礎。不過徐的父親不希望女兒多上學，她這個父親「封建思想」挺重，經常對女兒說：「女孩子家讀那麼多書幹什麼？」但是這不僅沒有終止徐乃錦的學業，反而激發了女兒凡事要強的個性。

在蔣孝文與徐乃錦的少年時期，蔣徐兩家是鄰居，倆人兩小無猜。後來他們又在美國三藩市求學相遇，並且相愛。在徐乃錦升大二時，他們決定結婚，徐乃錦從此加入了「第一家庭」，那年她才二十二歲。經自由戀愛結婚的徐乃錦和蔣孝

文，在新婚之初，也和一般年青夫妻一樣，偶爾會鬥氣，有時她會向宋美齡訴苦，然而宋美齡卻認為婚姻的協調，女人要負的責任「應該是95%才對」！徐乃錦對此不以為然，認為不公平，宋美齡則拍拍她的肩說：「誰告訴你說人生是公平的？」而這句話幾乎影響了她的一生。她自己也曾感歎，女人生來要比男人辛苦。

結婚不過十載，蔣孝文就因為遺傳的糖尿病外加酗酒而突發昏迷，記憶力受損，約略只有四五歲孩子的智商。徐乃錦經過劇烈的思想鬥爭，最後決定留在丈夫的身邊，她說：「否則我會一生不安」。為了這個決定，徐乃錦付出了巨大的代價。在往後的日子裡，甜蜜的愛情逐漸淡出，繼之而來的是一份難以揮去的心痛。她不再依靠他，反而成了他的依靠。在蔣孝文十八年的病榻生活中，徐乃錦始終細心地呵護、照顧他。在她的努力下，蔣孝文的病情有了好轉，蔣經國去世時，蔣孝文出現在父親的靈堂前，當時的模樣，仍然不失英挺。但是，兩年後命運之神再次給徐乃錦以重創，蔣孝文還是因喉癌不治而去世。

蔣家一次次地變故，讓徐乃錦感到人生無常，但她必須獨自面對未來的生活，徐乃錦將自己的很多精力投入到社會活動中。二十四歲時她就加入了「臺北女青年會」，數度代表「女青會」參加國際會議，為發展中國家捐助錢糧。在她的領導下，「女青會」不但越來越壯大，她自己還競選連任了由九十多個國家和地區組成的「世界女青年會」執行委員。1988年蔣經國去世後，蔣家媳婦不能工作的規矩自動取消，同時蔣孝文龐大的醫藥費也須自籌。所以徐乃錦從此開始正式扮演一個職業婦女的角色；自食其力。她辭去「女青會」會長職務，轉任理事長，然後與朋友合辦「西元投資信託公司」。徐

乃錦說，她自己並不真正缺錢，她「只想活得有尊嚴，可以發揮自己的力量，從前沒有機會試，現在可以試了，對我來說，是一種新的挑戰。」

蔣經國去世後，經常陪伴在蔣方良身邊的只有徐乃錦，同時，她與蔣孝武、蔣孝勇妻小相處很好，尤其在蔣經國去世後，蔣家第三代打破過去的界限，開始形成緊密的「命運共同體」。於是，身為蔣家長媳的她便經常成為蔣家對外的代表。

蔣友梅是蔣孝文與徐乃錦唯一的女兒。在蔣友梅七歲的時候，蔣孝文就已患病，徐乃錦只能把她交給公婆照顧。蔣友梅高中畢業，就被送到英國去學習藝術，畢業後，母親不讓她回台，原因是怕回來後會再次跌入「特權」之中。結果蔣友梅自己便在銀行兼職，取得了劍橋大學的藝術博士學位。在公公、丈夫相繼遠離人世後，蔣友梅成了母親心中最大的「人生瑰寶」，經常與母親在電話中談心，她今後是否回台定居就不得而知了。

盛夏與寒冬：蔣孝武的夫人蔡惠媚

蔡惠媚是二公子蔣孝武的妻子，她是一位嫁入「深宮」的台籍媳婦。與其他蔣家媳婦相比，她同「第一家庭」的關係不深，因此，特有一種來自民間的清純和質樸。

蔡惠媚的家世很好，是台中縣清水的名門望族，在海運界頗具知名度。蔡惠媚在家中最小，清純美麗，活潑可愛。1977年，十八歲的蔡惠媚偶遇蔣孝武，蔣孝武對她一見鍾情，但是蔣孝武的年紀足以做她的父親，又是蔣家二公子，所以令她對蔣孝武的追求望而怯步。但是經過八年的愛情長跑，蔣孝武最終還是贏得了芳心。

蔣孝武生前曾經擔任過「臺灣駐新加坡代表處」的副代表，「臺灣駐日代表」等職，作為「外交官夫人」，蔡惠媚由於年紀較輕，閱歷淺，因此在一些交際宴會上，總見她文靜地坐在一旁，並不健談，缺少外交官夫人獨有的「人來熟」的親和力。不過她的英語十分流利，隨著歷練的增多，蔡惠媚逐漸擺脫了生澀，漸漸適應了自己的角色。

厭惡政治：第四代的共同特點

想做母親是每一個女人的天性，但蔡惠媚卻沒有自己的孩子，因為她把母愛都給了蔣孝武前妻的孩子友蘭與友松。蔡惠媚婚前便是友蘭和友松的家庭教師，從老師到母親的角色轉換並不感到吃力，為了更好地照顧兩個孩子，她婚前就決定自己不要孩子。這也是身為「第一家庭」媳婦的不幸，因為自己的一舉一動都備受外界的關注。「後母」本來就難當，當蔣家孩子的「後母」就更加困難，稍不留神會給人以口實。所幸的是，由於蔡惠媚對兩個孩子十分疼愛，所以兩個孩子同她相處得十分融洽，他們之間的關係是亦師亦友，由於年齡相差不大，蔡惠媚與友蘭、友松之間幾乎沒有什麼代溝，他們會像朋友般在一起暢談流行音樂、電影明星。

現在，蔣友蘭、蔣友松姐弟都在歐洲讀中學，同生母汪長師住在一起，兩人也都準備今後到美國讀書。不過對以後的專業方向，蔣友松曾對記者表示，可能是社會科學，但「絕對不是政治」，而且「說到做到」，好惡鮮明的個性頗有父親之風。然而，一個弱冠之年的少年說出這樣毅然決然的話，怕不是孩子式的「戲言」。蔣家第四代並未見識過蔣家風光顯赫的時代，他們看到的只是這座「大觀園」的日益凋零和衰落。世

態炎涼和冷暖人心幾乎伴隨了他們成長的全過程，厭惡政治已成了蔣家第四代的共同特點。

1991年7月，蔣孝武因心肌梗塞突然病逝，這對年輕的蔡惠媚而言，打擊無疑是巨大的。她除了擁有與蔣孝武共同度過的十五年相知歲月外，幾乎一無所有，娘家是她所剩的唯一可以停靠的避風港。現在蔡惠媚平日刻意避開新聞媒體的追蹤採訪，只有在每年公公與丈夫的忌日，才會陪同婆婆蔣方良短暫地露一下面。對於蔣家這位年輕的媳婦而言，春光明媚的最後一縷陽光還未消失，深秋淒涼就已提前降臨。當她獨自佇立在冬雨中的時候，是否也想過去尋找失落的季節？

今生與來世：蔣孝勇的夫人方智怡

方智怡是三公子蔣孝勇的夫人，相較於其他兩個妯娌，她的一生要算是比較幸運的。蔣孝勇在三兄弟中是最小的一個，他活潑伶俐，善解人意，深受父母和祖父母的疼愛。儘管也有公子哥的輕狂和任性，但同他的兩個哥哥相比，蔣孝勇心思周密，城府甚深，十分像他的父親蔣經國。所以在蔣經國晚年，許多事情都交給小兒子去做，蔣孝勇因此也落個「地下總統」的「雅號」。

方智怡生於1949年，她的父親是前「國道高工局局長」方恩緒。方家有兩兒兩女，方智怡是最小的。方四小姐從小便出落得漂亮大方，蔣孝勇念陸軍官校預備班的時候，一位中學同學在高中畢業後，想「出國」讀書逃避兵役，於是很鄭重地將女朋友託付給蔣孝勇代為「照顧」，這位女朋友就是方智怡。蔣孝勇對朋友的託付十分認真，用他的話來說就是「盡了最大努力」，很快就贏得了佳人的芳心。

1973年，方智怡嫁入蔣家，過著少奶奶的富貴生活。蔣孝勇把自己定位為「生意人」，台大畢業後進入國民黨黨營事業工作，曾經出任過「中興公司」總經理和「電器工業同業公會」理事長等職務，是蔣家第三代中最為富裕的一位。蔣孝勇向來以孝順著稱，但見方智怡凡事想著公婆的細心卻令蔣孝勇也自歎不如。蔣經國夫婦對這個兒媳非常滿意，他們結婚十周年的時候，蔣經國還特意送方智怡一個禮物，以資鼓勵。

1987年，方智怡已經是一個兩個孩子的媽媽，相夫教子的平淡日子，讓她開始感到有些厭倦。在蔣孝勇的支持下，方智怡在林森南路開辦了一個「怡興托兒所」，這一方面是出於自己的愛好，一方面也算是繼承了母親的事業。開始的時候，來「怡興」的孩子並不多，托兒所總是入不敷出，方智怡就在旁邊又開設了一家「怡興花苑」，希望能彌補托兒所的虧空。蔣孝勇對這個花店很有興趣，只要有空必定前往花苑「打工」，方智怡對托兒所傾注了相當的精力，她堅決不讓蔣孝勇插手，同蔣家「劃清界線」。為了顯示「怡興」沒有享受特權，她主動向外界公布虧空的帳目，澄清社會上的一些流言。在她的努力下，「怡興」在臺北市評比中名列第二，生源也隨之滾滾而來。

正當方智怡專心忙碌於她的事業的時候，蔣經國去世了。蔣家子孫突然失去蔭庇，在工商界滾打多年的蔣孝勇自然首當其衝。方智怡不得不告別她一手創建的「怡興」，隨夫遷往遙遠的加拿大。在加拿大剛生活了五年，夫妻倆又為了孩子上學，舉家遷到了三藩市。在國外生活的這段日子裡，因為家裡沒有了傭人，方智怡不得不自己學著做家務事，簡單的雜事還好，惟獨燒菜總讓她手足無措。幸好蔣孝勇「多才多藝」，烹飪縫補樣樣精通，尤其是燒菜最受兩個孩子歡迎。然

而僑居的日子極其平淡，幾乎無事可做，於是，蔣孝勇便開始整理祖父和父親的日記。方智怡則一邊電話遙控臺北「怡興」的業務，一邊幫丈夫整理檔案。1995年5月，方智怡打破禁忌，陪父母前往祖國大陸觀光，她除了觀賞北京的歷史文物之外，還專程到中國少年兒童活動中心考察少兒教育，並捐贈一批幼教叢書給中心。

　　1996年12月，蔣孝勇在與喉癌搏鬥了多年之後，又匆匆地走了。在唱詩聲中，方智怡低頭輕吻丈夫的額頭，然後用手環抱丈夫的脖子，輕拍著他的脊背，此情此景令在場的所有人都為之動容。他們曾相約，來世仍要做夫妻。

未了心願，遷葬大陸

　　蔣介石父子先後在台四十年，留下的日記和檔案可以說是卷帙浩繁，蔣經國過世後，這些重要的資料都由蔣孝勇保管。在島內一片要清算蔣氏的聲浪下，蔣孝勇決心將這些資料整理出來，讓「歷史自己說話」；另外，在他病重期間，他頻繁往返於台、美、大陸三地，爭取在自己去世前能完成父親遺願，將父親和祖父的棺木遷回老家。儘管他同臺灣當局的抗爭失敗了，但是他囑咐妻子要把這兩件事繼續做下去，她做不完再交給兒子，兒子做不完再交給孫子。方智怡答應了丈夫的請求，她曾公開表示，一定要把這批史料「完完整整」地保留整理出來，到那時候「我們會把它們交出來，不會讓歷史留白！」

　　1997年1月，方智怡一身黑衣帶著三個兒子友柏、友常、友青，捧著丈夫的骨灰踏上了飛往美國的班機，但是美國是否是她最後的故鄉呢？

蔣家有了第五代：蔣友柏喜得蔣得曦

蔣家後代開枝散葉，人口眾多，大部份在臺灣定居，一部份在美國生活，只有蔣經國的愛女蔣孝章及其家人在英國生活。

今天仍在臺灣政壇活躍的蔣家子女，只有蔣經國和章亞若的私生子章孝嚴了。他屬於蔣家第三代，曾在島內一度出任行政院副院長、國民黨秘書長這樣「位高權重」的職務，現在是臺灣的立法委員。他去年曾宣布「認祖歸宗」，但蔣家大多數成員不承認他的「蔣家人」身份。

蔣家第四代都遠離政壇，他們大都從事商業、教育、演藝事業。像第四代的章蕙蘭，是臺灣電影界頗受矚目的新銳導演，1999年章蕙蘭首次自編自導電影處女作《小花兒禁忌》，由影星舒琪擔綱主演，還受邀參加了2000年的愛丁堡影展。

目前在臺灣最出名的蔣家第四代要數蔣友柏了，他長得高大英俊，頗受臺灣媒體喜歡，前年他和臺灣影星林姐怡結婚，2008年九月生了一個女兒，按照蔣家「孝友得成章」排序，取名為蔣得曦。蔣家有了第五代的消息，頓時成為臺灣媒體報導的熱門。在蔣得曦滿月那天，臺灣政壇重量級人物都來祝賀，稱得上蔣家近年來難得的盛事。

蔣友柏在島內曾被評為「最具代表的型男」，人氣甚至超過馬英九。

蔣友柏平日行事低調，並不喜歡過多曝光。2003年7月，蔣友柏在臺灣成立自己的專業設計公司，靠著創新的商業模式，公司獲得相當大的成功。蔣友柏曾走上螢屏，參加臺灣著名的娛樂節目——《康熙來了》，結果創下該節目開播以來的

最高收視紀錄，至今無人能破。難怪有島內媒體評論，臺灣的年輕一代很多已經不知道蔣介石和蔣經國，但對於蔣友柏卻是癡迷有加，若是蔣家父子地下有知，不知是否會驚訝於子孫輩的超人氣魄。

三十三、寂寞人生

　　蔣方良女士作為蔣經國的夫人雖然為人們所知，可是更多的人很少瞭解她寂寞的人生。作為蔣家的遺孀，她在蔣經國歿後，是如何打發寂寞漫長的歲月的，更是鮮為人知。

　　1916年冬天，蔣方良生在蘇聯冰封雪飄的西伯利亞一個工人家庭。她的乳名叫勞娜，後來到烏拉爾重機廠當工人時叫法因娜‧伊帕季耶娃‧瓦赫洛娃。1933年隆冬，十七歲的勞娜在風雪茫茫的塔哈小火車站，意外地與蔣經國邂逅。正值韶華年齡的俄羅斯少女在雪野中救助了一位凍昏的中國青年，待他甦醒後勞娜才知道這位自稱「尼古拉」的人原來是肅反而被從莫斯科清理出來的「勞改者」。後來，她與他又鬼使神差地相逢在烏拉爾重機廠，患難中萌生的愛情導致了她與一位異國落魄青年的結合。

　　蔣方良隨丈夫來到中國，此後夫妻一直廝守，感情深厚。每天早晨蔣經國出門上班，蔣方良都要親自送到客廳門口，和他吻別。蔣經國有時無法按時回家吃飯，她就空著肚子一定要等他回來。蔣經國對蔣方良也是如此。據說，在一個颱風之夜，蔣方良回家晚了，蔣經國差點兒報警。但是，由於蔣經國桃色新聞不斷，夫妻兩人也常常為此慪氣。早在抗戰時期，住在重慶的蔣方良得知遠在贛南的蔣經國與章亞若的風流韻事後，曾鬧到宋美齡跟前，宋美齡好言相勸，她才沒有追到贛南。但後來有一次，因提起章亞若，兩人又發生口角，蔣經

國大怒之下，掀翻了桌子。好在當時章亞若已經故世，此事才算沒鬧大。

蔣經國的逝世，對蔣方良來說是個非常沉重的打擊。她雖然曾當了十三年的「第一夫人」，但從沒有享受過應有的「尊貴」，人們看到的只是一個寂寞的「中國媳婦。」

出生在俄羅斯的蔣方良現在已經是個地地道道的中國人了，她的經歷深刻地反映了時代的轉折與歷史的變遷。在冷戰時期，「政治不純」的血液讓蔣方良承受了巨大壓力。她一生最快樂的時刻之一，就是幾年前接見白俄羅斯的一位市長，這是她首次在臺灣與家鄉訪客見面，後來她還聽過俄羅斯小提琴家的演奏會。

那麼，蔣方良本人究竟想不想回家鄉呢？一度傳出她非常想回俄羅斯，但不久又表示「已習慣目前的生活，不想增加決策層的麻煩，所以還沒有返鄉的計畫。」這應該是蔣方良典型的為人處世的方式。不要說回家鄉這麼大的事，就是出門或住院，她都不願意享受特權。

1993年10月的一天，當一架「華航客機」從美國三藩市飛越大洋，在臺北桃園機場降落時，人們發現旅客中有一位坐輪椅的老嫗。她是兩個月前去美國探望女兒蔣孝章歸來的蔣方良女士。

這是蔣方良隨蔣家由中國大陸敗台以後，第一次離開中國的土地到外國去旅行。這對與世隔絕多年的她來說無疑是夢寐以求的夙願。自蔣經國去世後，她成了七海官邸的主人，雖然她相對有了自由，然而官邸貴客盈門的繁華景象也像夢幻一樣地隨之消失。從前在這裡擔任警衛的大批士兵奉命調離，只留給她寥寥可數的侍衛和女傭。使蔣方良更加憂慮的，是官邸開支日益拮据，家中連一台像樣的冰箱都沒有。因為丈夫生前

的月俸額為5.76萬台幣，他死後按規定可領二十個月的俸額，共計：115.2萬台幣。蔣方良除依靠這些錢度日之外，還得依靠三子蔣孝勇的資助。正因為如此，蔣方良雖有到美國散散心的意願，但一直不能成行。

後來，蔣經國生前提拔的當權者們看不下去了，方才為蔣方良的美國之行籌款。可是蔣方良沒有滯留美國，來去匆匆，當她由兒媳徐乃錦陪著回到空蕩蕩的七海官邸時，感歎說：「美國再好，終究不是我的家呀！我的家在中國，在臺北！只有回到這所院子裡，我才能安安穩穩的睡覺……」

1994年元旦剛過，台報上刊出蔣方良嚴重中風送醫院觀察的消息。消息說：「蔣經國遺孀五日上午八時突感不適，經送臺北榮民總醫院急救，診斷為橋腦缺血性中風。」病情稍緩後，蔣方良一直處於昏迷之中。這是她自丈夫死後最重的一次病，這次莫非真的要追隨已死亡的丈夫而去嗎？但奇蹟卻在這位瘦弱的俄羅斯老嫗身上發生了，至八日晨她已脫離危險。神志清醒時，她往往潸然垂淚，因為她越是在病中越是想著她成為未亡人後的厄運。她最感沉痛的是蔣氏家族接連而至的不幸：蔣經國死去不久，已在床榻上臥病二十餘載的長子蔣孝文（愛倫）突然被診斷為患上了喉癌，蔣方良十分鍾愛這個生於蘇聯的兒子，1990年4月14日，年僅五十四歲的蔣孝文病死的噩耗傳進了七海官邸，蔣方良當時就哭昏了。

如果說長子蔣孝文的死還在意料之中，那麼次子蔣孝武的猝然死亡，對於風燭殘年的蔣方良來說無疑是致命的打擊。本來蔣孝武的身體一直很好，只不過在中年以後發現患有蔣家遺傳性的糖尿病，但是蔣方良知道此病不致於危及生命。丈夫死後，兒子蔣孝武一直在新加坡當商務代表。1991年6月，蔣孝武總算可以調回臺北，來接任他垂涎已久的「廣播

電視公司」董事長了，誰知7月1日凌晨，在他天亮後就要去出席就職儀式時，突然被醫生發現死在醫院的病床上。蔣方良悲痛之極，卻又欲哭無淚。

蔣方良雖然連亡兩子，但是心頭也有值得快慰的事。那就是老人的孫子孫女們多已長大成人，並且不依賴蔣家的蔭庇而自立。蔣孝武病故周年時，剛滿十八歲的兒子蔣友松在接受臺灣記者採訪時，首次披露蔣家第四代「經商不從政」的心聲，這在臺灣不啻是一次震動。蔣方良也極力勸導她的孫兒孫女從商不從政，那是因為她厭倦了官場的爾虞我詐。長子蔣孝文的女兒友梅在英國劍橋大學畢業後，留在倫敦渣打銀行任職，後來她在奶奶與母親的支持下，重進大學攻讀藝術專科。此外，女兒孝章的兒子俞祖聲，蔣孝勇的兩個兒子友柏、友常，也均在「從商不從政」的思想指導下在美國潛心鑽研學業，這一切均使蔣方良感到欣慰。

對蔣方良晚年精神上打擊最大的，是1996年12月21日三兒子蔣孝勇因患食道癌而突然身亡。蔣孝勇1996年從美國回臺灣，和蔣方良商議後，毅然決定赴中國大陸治病。蔣方良還支持蔣孝勇將蔣介石、蔣經國遺體轉移中國大陸溪口安葬。然而由於種種原因，蔣氏母子的這一心願終告失敗。

誰也沒想到，蔣方良兒女成群，老來竟會飽嘗孤寂和淒涼。1988年蔣經國去世後，短短八年內，蔣方良的三個兒子一個接著一個病逝，這是她生命中的錐心之痛。

蔣經國不喜歡女人干政，不希望蔣方良和官太太們攪和搞小圈圈，所以她的生活範圍愈縮愈窄，特別是到臺灣後，來往的只剩那群從大陸到臺灣，能講一口寧波話的老友。當丈夫當上「行政院長」時，她並未因是「院長」夫人而生活有所改變，反倒得割捨掉她的興趣。有一天蔣經國告訴她，不希望人

家講「院長夫人也打麻將」，就這一句話，蔣方良自此沒上過牌桌。

從大陸到臺灣，對蔣方良而言，像是又失去了一個故鄉，一切都得重新開始。不過，這個以夫為天，以兒女為中心的母親雖然無法擁有自己的生活，至少還有先生和孩子。蔣經國在世時，蔣家對家庭成員的生日十分重視，包括蔣經國、蔣方良和四個兒女的生日，以及蔣經國夫婦的結婚紀念日，全家一定回家團聚在一起，舉辦一場簡單的家庭聚會，切蛋糕、開香檳。有時蔣經國興致高，除了當場親吻蔣方良外，也會在兒女的起哄、簇擁下，與愛妻共舞，十分熱鬧。因此，他們的家居照片常有親吻鏡頭。

據這幾年到過蔣家的人說，蔣方良經常一個人癡癡地凝望著蔣經國和四個孩子的照片，一看就是大半天，那臉上無助的神情，看了令人心酸。

2004年12月15日中午12時40分蔣方良因肺癌晚期導致心臟衰竭在臺北病逝，享年八十八歲。

相關解密

三十四、「空襲大典」

蔣介石敗逃臺灣後，10月1日前他制定了一個「空襲破壞中華人民共和國開國大典的計畫。」

10月1日清晨，蔣介石官邸。國民黨空軍司令周至柔已經來過幾次電話了，但蔣介石的回答仍然是：「再等等」。

「校長，再不起飛，我們就不能按時到達了。」蔣介石猛然站起來對著話筒講：「任務取消。」周至柔大感不解：「校長請再考慮考慮，我們準備得很充分，保證會完成任務。」

「任務取消！」蔣介石又一次更加堅定地重複一句，然後放下了電話筒，他慢慢地坐在沙發上，臉上充滿了無奈。

不過，蔣介石此時確實作出了一個正確的決策：他取消了用「空襲破壞中華人民共和國開國大典的計畫」。這是一個蔣介石與周至柔密謀多時，準備多時的計畫。蔣介石為什麼要取消這一計畫呢？因為他最後認識到，即使他能把天安門地區炸個稀巴爛，他們能得到的只是中國人民的更加憤怒和美國人對蔣介石黔驢技窮的蔑視。還有，天安門廣場和故宮相連，把故宮炸了，把北京的古建築炸了，蔣介石不就成了火燒阿房宮的項羽和火燒圓明園的英法聯軍了？

蔣經國對此表示贊同。

三十五、「密使1號」

　　1950年6月10日，臺灣。四位視死如歸的愛國志士在蔣介石的槍口下犧牲，成為震動海內外的一宗政治大血案。四位志士分別為國民黨國防部參謀次長、中共地下黨員、暗定代號「密使1號」的吳石中將，國民黨聯勤總部第四兵團總監陳寶倉中將、親信隨員聶曦上校，以及中共中央華東局派往臺灣從事情報工作的朱諶之（朱楓）女士。吳石將軍曾被毛澤東稱頌為孤島上的虎穴忠魂，是共產黨的忠實朋友。

　　吳石，字虞薰，1895年生於福建閩候縣螺洲鄉。後來他留學日本炮兵學校，畢業後又進入日本陸軍大學，在日本兩校畢業時都名列第一，轟動了中日兩國的軍界。吳石自己也抱負很高，立志要做一個傑出的軍事家，為中國增光。吳石在日本深造以優異成績畢業回國後，在國民黨陸軍大學任教官多年。國民黨軍隊的許多高級將領都是他的門生。

　　1940年初，吳石重見闊別二十餘年的老友吳仲禧。當時吳仲禧已於1937年盧溝橋事變前夕，秘密加入中國共產黨，以後，一直隱蔽在國民黨軍隊的上層做地下工作。由於他們過去相知較深，所以無話不談。

　　吳石滿腹軍事學問，而國民黨卻不肯給他帶兵的實權，一直沒讓他有機會帶兵上戰場。對此，吳石深感遺憾。

　　抗日戰爭末期，吳石曾在重慶軍政部部長辦公室任中將主任。1946年9月，經吳石協助，吳仲禧被國民黨國防部委任為

監察局中將首席監察官。這樣，吳仲禧可以利用這個職務，借著到各地巡查、視察部隊之便，收集國民黨的軍事情報。

此時，因吳石不滿蔣介石的獨裁統治，開始傾向革命。他主動為吳仲禧提供搜集情報的條件，給了他很大的支持和幫助。

1949年7月，吳石由福州經廣州輾轉到香港找到吳仲禧，吳石告訴吳仲禧，他已被調任國民黨國防部參謀次長，要到臺灣去。吳仲禧曾請他考慮，到臺灣去是否有危險？如果不去，也可就此留下，轉赴解放區。吳石堅決表示，自己為人民做的事太少了，現在既然還有機會，個人風險算不了什麼。為了避免嫌疑，他將攜夫人王碧奎和兩個小兒女一同去臺灣，把大兒子韶成，二女兒蘭成留在大陸。

吳仲禧介紹老同事、原第四戰區副參謀長陳寶倉中將隨吳石去台，為吳的助手。

吳石赴台前，中共地下組織給他的代號為「密使1號」。吳石抵台後，以國民黨國防部參謀次長身份謀取軍事情報。為儘快取回吳石提供的重要軍事情報，華東局領導決定派長期在上海、香港從事情報工作的女共產黨員朱諶之赴台與吳石聯繫。

吳石向她提供了一批絕密軍事情報的微縮膠捲。內有：《臺灣戰區防禦圖》；最新編繪的舟山群島、大、小金門《海防前線陣地兵力、火器配備圖》；臺灣海峽、臺灣海區的海流資料；臺灣島各個戰略登陸點的地理資料分析；海軍基地艦隊部署、分布情況；空軍機場並機群種類、飛機架數。另外，還有《關於大陸失陷後組織全國性遊擊武裝的應變計畫》等。這批情報迅速傳遞到華東局情報局。其中，幾份絕密軍事情報還呈送給毛澤東主席，當毛澤東聽說這些情報是一位女特派員秘密赴台從一位國民黨上層人士「密使1號」那裡取

回時，當即囑咐有關人員：「一定要給他們記上一功嘍！」他還揮毫寫下一首詩：

　　驚濤拍孤島，碧波映天曉。
　　虎穴藏忠魂，曙光迎來早。

　　1949年12月，蔣介石加強了臺灣的軍事防務。在蔣經國的精心策劃下，國民黨特務對中共臺灣地下黨組織進行了瘋狂地破壞。1950年1月29日，逮捕了中共臺灣省工作委員會書記蔡孝乾。蔡孝乾叛變，供出所有名單資料，造成四百多名地下共產黨人被捕。他還供出吳石提供重要的國防情報給中共，連絡人是朱諶之的情況。當蔣介石得悉吳石為中共提供情報時，非常震怒。1950年3月1日，臺灣當局下令以「為中共從事間諜活動」的罪名逮捕吳石將軍，特務當局先後逮捕了朱諶之、吳石將軍夫人、陳寶倉中將、親信隨員聶曦上校等人。

　　此案最後槍決了六人，包括吳石、朱諶之以及高級軍官陳寶倉、聶曦、王芷均、林志森等人，其餘則判監五年至十年不等。

　　共和國的締造者沒有忘記為中國統一大業作出過貢獻的愛國志士。1973年，為了表彰吳石將軍為中國統一大業作出的特殊貢獻，由國務院追認吳石將軍等為革命烈士。

三十六、台海危機

　　1953年2月2日，履新不久的美國總統艾森豪向國會提交了第一份國情咨文，提出了所謂「放蔣出籠」的政策，美國政府對新中國的政策逐步走向強硬。同年4月6日，美國參謀長聯席會議通知美國太平洋艦隊總司令雷福德，授權他對中國東南沿海地區進行空中偵察。

　　美國政府對華政策的動向引起了新中國領導人的注意。1954年7月，中共中央作出了「一定要解放臺灣」的決定。7月23日，《人民日報》據此發表了題為《一定要解放臺灣》的社論。1954年8月，軍委成立了以張愛萍為司令員兼政治委員的浙東前線指揮部，並成立了海空軍指揮所和登陸指揮所。

　　8月2日，中央軍委召開作戰會議。會上，不少人把面積僅為二平方公里的一江山島作為戰役突破口表示異議。認為興師動眾打一場三軍聯合作戰，有點不值得。軍委副主席、國防部長彭德懷指出，三軍聯合作戰在我軍是第一次，估計到美國可能插手，因此必須準備充分，攻則必勝。這次，我們就要用牛刀去殺雞。

　　國民黨軍隊退守臺灣、澎湖列島、金門、馬祖的同時，還佔據著福建和浙東沿海一些島嶼，在大陳島設立「大陳防衛司令部」，形成以上、下大陳島為核心，以一江山、披山、頭門山、漁山等島為週邊的防禦體系，總兵力兩萬餘人。一江山島位於浙江海門椒江口台州灣東南方，是大陳列島重要島嶼，總面積不足二平方公里。

人民解放軍參加一江山島戰役的有陸海空三個軍種，十七個兵種，二十八個作戰群。9月3日，人民解放軍炮擊金門，第一次台海危機拉開序幕。

　　炮擊金門使蔣介石極為恐慌，也使美國政府受到極大震動。12月2日，美國國務卿杜勒斯與蔣介石的「外交部長」葉公超正式簽署了美台《共同防禦條約》。

　　美台《共同防禦條約》並沒有使毛澤東與中央軍委改變決定。從1954年11月1日起，空軍作戰進入「轟炸封鎖敵島作戰階段」。華東空軍出動轟炸機112架次、投彈1154枚，轟炸大陳、一江山島等島嶼及附近海域的國民黨軍艦。華東海軍也用小炮艇把魚雷快艇拖到小島埋伏起來，隨時準備出擊。

　　11月14日凌晨，海軍的雷達捕捉到了正在海上游弋的國民黨軍隊「太平」號護衛艦，隨即出動魚雷快艇，利用夜色掩護快速向「太平」號逼近。「太平」號指揮官聽到馬達聲，誤以為是轟炸機飛臨上空，在慌亂中下令高射炮實施對空射擊，高炮的火焰恰好為魚雷艇指示了目標，3艘魚雷艇同時發射六枚魚雷，其中一枚命中「太平」號右舷，「太平」號發生爆炸，於次日清晨沉入海底。

　　1955年1月10日，華東空軍對大陳島國民黨軍隊進行新一輪攻擊，擊沉美制坦克登陸艦「中權」號，重創主力艦「太和」號，掃清了登陸部隊潛在障礙，奪取了浙東海面的制海權。

　　1月18日，對一江山島的總攻正式開始。凌晨四時十一分，華東空軍第一批殲擊機出動，隨後，航空兵部隊輪番出動米格-15殲擊機168架次，分批次在戰區上空巡邏。八時整，混合機群到達目標上空。副師長張偉良一聲令下，一枚枚爆破彈從天而降。與此同時，浙東空軍指揮所還派出另一支編隊，突擊轟炸了大陳島守軍的指揮所和遠端炮兵陣地，使他

們通信中斷，指揮失靈，從而將一江山島上的國民黨守軍完全孤立起來。

九時許，陸軍炮兵團集中五十門大炮對一江山島實施攻擊。島上國民黨守軍指揮癱瘓。12時15分，登陸部隊五千多名指戰員乘上七十餘艘登陸艇，在四十餘艘作戰艦艇的掩護和配合下，向一江山島衝去。14時29分，步兵178團2營首先在樂清礁北山灣一帶搶灘登陸，佔領了第一線陣地，並立即向縱深挺進。14時32分，步兵180團2營的第二梯隊在勝利村西側四嶴灣地段登陸，迅速攻佔了第一線陣地。隨後，各後續部隊也相繼登陸成功，並迅速支援搶灘部隊向縱深進攻。

一江山島戰役耗時61小時12分鐘，全殲守敵1086人，其中擊斃519人，俘虜567人。

一江山島解放後，大陳島暴露在解放軍的炮火之下。1月19日，美軍第七艦隊抵達大陳島以東海面，並先後出動兩千多架次飛機臨近大陳島空域活動，企圖阻止人民解放軍解放大陳島。1月30日，中國人民解放軍下達了準備攻佔大陳島的預令。2月8日至14日，人民解放軍先後佔領大陳島週邊的北麂山、漁山、披山諸島。22日，又出動飛機轟炸南麂山島，迫使該島國民黨守軍撤逃臺灣。

美國政府害怕被拖入中國內戰而不能自拔，於是在答應蔣介石協防金門、馬祖的條件下，提出撤出大陳島的建議。

1955年1月24日，艾森豪向美國國會提交題為《臺灣海峽正在發展的局勢》的特別諮文。國會經過三天辯論，通過了《授權總統在臺灣海峽使用武裝部隊的緊急決議》。這個決議給了總統一張空白支票：在沒有經過國會允許的情況下，美國總統可以動用美軍干涉臺灣海峽的事件。第一次台海危機達到頂點。

鑒於進一步解放福建沿海島嶼的時機尚未成熟，新中國領導人決定暫時不對金門和馬祖發起進攻。

　　此後，中國利用萬隆會議向周邊國家解釋了中國的政策。4月23日，周恩來總理發表聲明，強調中國願意同美國談判，討論遠東緊張局勢的問題。特別是緩和臺灣地區的緊張局勢問題。在美國對聲明作出反應後，中美兩國開始進行直接會談，第一次台海危機逐漸平息下來。

　　蔣介石、蔣經國為此也鬆了一口氣！

三十七、「中共師長」

1970年3月10日，臺灣「國防部情報局」收到一封信，信中寫著：

> 本人是新近從大陸來香港的中共軍官，在大陸陸軍第××軍××師擔任師長。如果你們對我感興趣的話，請及時與我取得聯繫。
>
> ……
>
> 宋書府
> 1970年2月27日於香港

作為具有三十年「特齡」的老特工，情報局局長葉翔之的第一個反應是「鑒定真偽」。於是，他們派出熟悉大陸軍隊情況的特工專家龍燕北抵達香港聯繫宋書府，當天宋書府便應約而至。他大概在五十歲開外，瘦高個子，態度不卑不亢，顯得成熟而從容。

據宋書府說，他是江蘇吳縣人氏，五十一歲。解放戰爭期間，他在第三野戰軍擔任團政治部主任、副旅長等軍職。新中國成立後，他曾以志願軍副師長的身份去朝鮮參戰。1954年，他在南京高級軍官學院深造。1958年畢業後，擔任人民解放軍陸軍第××軍作戰部部長。以後，擔任過××軍××師參謀長，1966年9月調任××軍××師師長。

龍燕北要求他說出這些部隊上級正職長官的姓名、年齡、體態、性格等特徵。宋書府隨口說出，毫不犯難。接著，宋書府取出一些文件，令龍燕北不得不另眼相看。這是宋書府在抗日戰爭、解放戰爭及大陸解放後的立功證書，南京陸軍高級軍官學院畢業證書、軍官證件以及十幾封印有「中共中央軍事委員會」「南京軍區司令部」「福州軍區司令部」等函頭字樣的信紙，或是寫給宋書府的信函，或軍事調動令。龍燕北把這些文件一一拍攝下來，又從各個不同的角度，給宋書府拍了多張照片。

應龍燕北的要求，宋書府談了自己放棄師長職務、拋棄家小，潛逃香港的原因。多年來，由於他屢犯生活方面的嚴重錯誤，軍區軍事法院準備對他以「強姦罪」「流氓罪」進行制裁，無奈之下，他不得不逃離大陸。

當天，龍燕北留宋書府一起用餐。臨別時，龍燕北交給宋書府一萬元港幣。

龍燕北飛返臺北，彙報赴港的經過，並交上照片和錄音帶。然後組織專家對這些書證和談話錄音進行嚴格鑒定。結果，專家們得出完全一致的結論：信函上的筆跡確實出自幾位中共高級將領之手。

接下來，需要認定的是，宋書府究竟是不是和龍燕北接觸的那個人？八名專家的結論也是一致的：宋書府確實是在香港跟龍燕北接觸的那個男子。同時又進行了關於錄音帶內容的鑒定，結果是：宋書府所述內容與歷史資料無誤。

至此，情報局終於確認，宋書府是貨真價實的中國人民解放軍的一名師長。

蔣經國大喜過望，立即報告蔣介石。

蔣介石對蔣經國的信任程度無以復加，得知此事後，立即下令：「通知香港方面，請那位宋師長來臺北，好好地把他

肚裡的東西倒出來。」然而宋書府不肯赴臺灣。於是，蔣介石表態：「同意宋師長的要求，讓他留在香港，一為我們提供情報，二為我們釣更大的『魚』。」

「情報局」趕赴香港，安置好宋書府。一個星期後，宋書府交出兩份情報，分別是新疆軍區和瀋陽軍區野戰部隊的番號、人數、武器配備等等，每項數字、地點都寫得極為詳盡。

「情報局」的軍事專家看過情報，讚不絕口，宋書府獲得獎金1.5萬港幣。不久，宋書府又提供了南京軍區、福州軍區、濟南軍區的有關情報，又獲得一筆巨額獎金。

1970年9月，蔣介石決定親自接見宋書府。

宋書府在臺灣待了八天，蔣介石、蔣經國、葉翔之等人分別宴請他。飯桌上，蔣介石問起大陸的軍事情況，宋書府侃侃道來，瞭若指掌。蔣介石一時高興當場贈給金表一塊，算是額外獎勵。

臺灣方面和宋書府沒有料到，此時，美國中央情報局已經注意到臺灣「情報局」和宋書府之間的接觸，認為應把宋書府從臺灣方面拉過來，讓他為美國出力效勞。

美國特工對宋書府提供的身份證據進行研究，選定他抗美援朝的那一段。

一個特工專家問：「宋先生，1951年春天，您所擔任副師長的共軍部隊，曾在一個名叫『安平里』的小山村駐紮將近兩個月。請問當時師司令部設在什麼地方？司令部前後左右有些什麼東西？」

宋書府沉思一會兒，說：「當時，師司令部設在村南山坡上的坑道裡，坑道洞口是一片濃密的柏樹林，穿過林子有一條小溪流。」

「那很遺憾。」特工專家拿出一張照片，「宋先生，您弄錯了。請看這張照片，是美軍在共軍×師撤離安平里的第二天，開進該村時拍的。共軍師司令部，設在村北首的廟裡。廟後的小山坡挖著防空洞，當美軍空襲時，整個司令部的人就鑽進防空洞。」

宋書府皺著眉頭：「不，是你們弄錯了。」

特工專家搖搖腦袋，說：「算了，讓我們換一個話題吧。宋先生，既然你到韓國作過戰，一定記得美國空軍撒在公路上對付汽車輪胎的那種障礙物吧？」

宋書府眨著眼睛：「是那種三腳立地；一腳朝天的玩意吧？」隨後，他又應專家要求，畫了一幅立體素描。

三位美國特工專家連連搖頭。原來，當年美國設計的這種障礙物，是由四個「腳」組成，各個「腳」之間的距離、角度一致，這樣，才能保證從飛機上撒下來，必定「三足鼎立，一足朝天」可以紮破汽車輪胎。宋書府畫的障礙物，不但形狀有誤，連各「腳」之間的距離、角度完全一致這個基本特點，也沒體現出來。

特工專家們已經斷定這個「中共師長」是十足的冒牌貨，但沒有當場點穿。

調查了一個多星期，三名美國特工專家終於查清「宋師長」的真實身份。

原來，此人名叫符志豪，當年是上海灘的一名落魄的書法家、金石家。1949年來香港，曾在報館幹過；還在街頭擺攤賣過字、刻過印章。近幾年窮困潦倒，他不知為何萌發「出賣情報」的主意，向臺灣情報局投寄信函，開始當起「宋師長」。

蔣經國看過這份《調查報告》、半信半疑。幾天後，召見葉翔之，責成其循著美國特工的調查思路，對宋書府的身份重新進行調查。這樣一查，不但證實美方《調查報告》的結論，還在他的寓所秘密搜到一百多枚大陸軍隊的印章。

　　於是蔣經國下令：「停止對宋書府的工作；此事對蔣介石絕對保密，以防他受到刺激影響健康。」

　　符志豪對臺灣方面作出的反應，並不覺得突然，和臺灣特工中斷聯繫後，他便和別人交換寓所。經過一段時間的閉門不出，他又在街頭賣字、刻印章，不過是消遣而已。他「出賣情報」所獲得的錢，足夠花銷到壽終正寢離開這個世界了。

　　這就是震驚港臺的「中共師長」投誠事件。

三十八、密使赴京

　　1956年春，中共託章士釗捎信，發出了第三次國共合作的呼籲。蔣介石對從大陸捎來給他的信，沒有立即回信，也沒有馬上答覆，事關重大，他不能不反覆考慮。

　　在這封信中，中共方面提出了臺灣與大陸統一的具體辦法：除了外交統一於中共外，其他臺灣人事安排、軍政大權，由蔣介石管理；如臺灣經濟建設資金不足、中央政府可以撥款予以補助；臺灣社會改革從緩，待條件成熟，也尊重蔣介石意見和臺灣各界人民代表協商；國共雙方要保證不做破壞對方之事，以利兩黨重新合作。

　　信的結尾寫道：「奉化之墓廬依然，溪口之花草無恙。」信中用這樣的字句，是想告訴他蔣家墓和住宅均完整無損，並不像港澳報紙說的「蔣氏墓廬已在鎮壓反革命和土地改革的運動中蕩然無存。」

　　據說蔣介石對這封信反覆看了許多遍，每看一次，都獨自沉思，不許人打擾。

　　蔣介石考慮了一年，1957年初，他終於決定派人到大陸去進行試探性接觸。為了留有餘地將來進退自如，他考慮從島外物色人選。為此，他約了在香港主持國民黨宣傳工作的許孝炎來談話。

　　他對許孝炎說：「基於『知己知彼，百戰不殆』的原則，針對中共發動的和平統一攻勢，決定派人到北平去走一趟，實際瞭解一下中共的真實意圖。至於人選，不擬從臺灣派

出，而是海外選擇，你考慮一下，提出兩三個人選來，香港或是南洋的，都可以。」

許孝炎當時經過斟酌，提出了三個人選，請蔣介石圈定一人。他們是曾任「立法院長」的章冠賢，曾任「立法院」秘書長的陳克文和「立法委員」宋宜山。許孝炎說：「這三個都是立法院的，是中央民意機構的代表，身份比較靈活。」

蔣介石聽了說：「這三個都可以，都還靠得住。宋宜山是宋希濂的兄弟，據說宋希濂被共產黨關在北平的功德林戰犯管理所，可以說是去那裡探親，還是毛澤東的湖南老鄉。當然，章冠賢和陳克文亦可以。他們都在香港？」

許孝炎說：「他們都在香港，聯繫方便。」

蔣介石說：「首先要本人自願，你回香港找他們三個人都聯繫一下，我們最後決定派誰去。」

四月份是北京天氣最糟糕的時候，冷風夾著沙子撲面吹來，出門一趟回來，滿身都是沙末。可是1957年4月，風沙刮得早，也去得早，已經使人覺得暖融融了。

宋宜山從香港經廣州乘火車來到北京，特地帶來了大衣、圍巾，準備穿得嚴嚴實實的。他一下火車就意識到自己失算了，天氣並不像他想像的那麼冷，在月臺上迎接他的唐生明接過他手上的大衣，說：「宜山兄竟然全副武裝，害怕給凍壞了！」

「北……」宋宜山儘管事先有所準備，還差一點將北京按國民黨老習慣地說成北平，「北京的氣候想不到也有了變化。」

宋宜山和唐生明是湖南同鄉，在國民黨南京政權時代就認識。前幾年，在香港的湖南同鄉會活動中兩人常見面。

當許孝炎來找宋宜山時，說是蔣介石交代的任務，宋宜山就同意了。當時陳克文也表示願意從命，童冠賢則拒絕接受這一任務。最後許孝炎將宋、陳二人呈報蔣介石圈定。結果蔣介石選中了宋宜山。過去他曾經是蔣介石的學生，從南京中央黨校畢業後，被蔣介石選派到英國留學。回國後一直在中央黨部工作，曾出任過國民黨中央組織部人事處長的關鍵職務，還擔任過國民黨候補中央委員。國民黨遷台後，他留在香港，仍掛著臺灣方面立法委員的頭銜。他覺得自己是受過蔣介石栽培的人，現在是報效的時候。他自己也希望回大陸看一看，這也是一次難得的機會。他住在香港的這些年頭，聽到不少有關大陸的消息。中共左派的報紙總說大陸這幾年這麼好那麼好。另外的報紙和消息又說民不聊生、食不果腹，地主資本家被共產黨人挨抓、挨關、挨鎮壓，連老人、婦女、親屬都不放過。可是，從他進入羅湖口的小漁村（即後來的深圳）開始，看到的農民臉上紅撲撲，有笑容有衣穿，而無饑色。小漁村到廣州，一路看到田裡正熱氣騰騰地插秧，廣州商店擺滿貨物，街頭熙熙攘攘，十分繁忙，比撤退前那幾年廣州街頭的景色，真是有天壤之別。

宋宜山在接受任務時，已被告知唐生智的弟弟唐生明將從旁聯絡，協助對話。唐生明陪宋宜山到新僑飯店，安頓住下後，說：「這兩天，周恩來總理要請你吃一頓飯。至於具體的問題，則由統戰部的部長李維漢先生出面跟你商談。李部長也是湖南老鄉。」

宋宜山望著唐生明，遲疑了片刻，終於開了口：「生明兄，我想問一句老鄉的話，我難得來一次，我探望我胞弟希濂，不會有困難吧？」

唐生明說：「我看不成問題。」

宋宜山半信半疑：「是嗎？」

唐生明說：「你不是說來探親的嗎？共產黨讓你來探親怎麼會不給見面呢？吃飯的時候，你可以跟周恩來提出來。」

宋宜山在飯店裡休息了兩天，不敢輕易出門，等著與周恩來見面。

第三天，唐生明陪同宋宜山來到北京有名的東興樓飯莊用膳，周恩來對宋宜山親切地說：「宋先生！歡迎你來北京，我特地讓生明兄來接待，他和你是老鄉，前幾年在香港又見過面，他跟我們交朋友的歷史已經不短了。」

宋宜山說：「抗戰時期，生明兄忍受了誤會與委屈，執行『特務任務』打到汪精衛漢奸政府裡去，為國家與民族做了許多工作，不但蔣先生與國人讚賞，連我也十分敬仰。」

周恩來笑道：「我們共產黨人也忘不了他。1927年大革命受挫，我們黨處於最困難時候，得到了生明兄的同情和支持。我們舉行南昌起義和秋收起義，得到了他給予槍支彈藥和物資的支持，一些傷患也得了他的營救和保護。」

宋宜山第一次聽到唐生明的這些舊事，流露出一點驚異，聯繫起1949年唐生明輔助程潛在湖南投向毛澤東，就不覺得奇怪了。1950年，唐生明去香港做生意，1956年才重返北京，在國務院參事室任參事。宋宜山說：「生明兄的經歷真是豐富多彩。」

周恩來說：「宋先生，如果我沒有記錯，今年該是你希濂老弟過五十歲的生日。」

宋宜山手拍額頭：「喲，周先生記憶力真好。你不提起連我這個做兄長的都想不起。」

周恩來說：「希濂兄是黃浦一期嘛！他跟你們的湖南老鄉陳賡一起在長沙應考合格後，繞了一個大彎，經武漢、上海來到廣州的。抗戰時期，他在大別山和滇西通惠橋，重創日軍，立下了卓著戰功，人民都不會忘記的。」

宋宜山聽了十分感動：「周先生，我想……」

周恩來立即表示：「五十歲是人生的大日子，你來看他正是時候。」

宋宜山連忙表示：「感謝周先生關心。」

周恩來意味深長地說：「總的來說，在中華民族大家庭裡，我們都是一家人嘛。抗戰勝利在重慶談判的時候，蔣先生說過，大革命時代，國共兩黨的同志們曾在一個屋子開會，共一個大鍋吃飯。我希望我們還會在一起合作的，具體的問題，李維漢先生跟你商談。」

由於宋宜山只是奉命來瞭解中共方面對於臺灣及國共合作的意圖，沒有帶來臺灣當局的具體意見。中央方面則由李維漢等向宋宜山提出下列幾點：

兩黨通過對等談判，實現和平統一；

臺灣為中國政府統轄下的自治區，實行高度自治；

臺灣地區的政務仍歸蔣介石領導，中共不派人干預，而國民黨可派人到北京參加對全國政務的領導；美國軍事力量撤離臺灣海峽，不容許外國干涉中國內政。

宋宜山在北京過得很愉快。

他不僅與中共的代表進行了商談，還去功德林戰犯管理所探訪了胞弟宋希濂。宋希濂告訴他，自己有希望不久就可以特赦出來了。

唐生明等陪同他參觀了石景山鋼廠、四季青高級農業合作社，還瀏覽了故宮，頤和園等名勝古跡。

當時，反右鬥爭尚未開始，大陸正廣泛提倡「百花齊放、百家爭鳴」，經濟建設熱氣騰騰，整個政治氣氛和社會面貌顯得很有生氣和活力，給宋宜山以新中國欣欣向榮的印象。

宋宜山在北京停留了兩週，便返回香港，他根據此次大陸之行的印象，如實地寫了一份約有1.5萬字的書面報告。根據他對蔣介石的瞭解，估計蔣看了報告不會有好的結果，但他覺得還是直言稟報為好，不然對不起自己的良心。他將報告交許孝炎轉呈蔣介石。這份報告記述了與周恩來、李維漢見面和商談的詳情，記錄了中共的提議，還敘述了自己沿途及北京的各種見聞，把共產黨治理下的新中國寫得很有一番氣勢。在報告中他還表示，我以為，中共意圖尚為誠懇，應當回應。大陸從工廠到農村，所到之處，但見政通人和，百業俱興，民眾安居樂業，與中共魚水相依，以前提的「反共復國」，似已無望。

報告送到臺北，蔣介石一看叫自己成為地方自治區便火冒三丈，越看越生氣，不等看完，就把報告往桌上一摔說：「他把共產黨說得那麼好，半個月就被赤化了！」並吩咐許孝炎轉告宋宜山：「不必回臺灣了，就留在香港算了，以免影響他人。將立法委員的薪餉每月寄給。」

1973年，宋宜山與另外三位「立法委員」在香港參加了章士釗逝世的追悼會，國民黨臺灣當局便以「附共」的罪名，宣布撤銷他的「立法委員」職務。

三十九、邀毛訪台

　　七○年代上半期，對毛澤東、蔣介石來說，是他們人生的最後歲月。歷史把他們的希望與遺憾，成功與失敗，喜悅與憂傷交織到生命的最後。

　　1972年3月，在臺灣上空的濃重陰雲中，蔣以八十六歲高齡出任第五屆「總統」，並悲壯地宣誓：「只要毛共及叛國叛黨一日尚存，我們革命的任務不會終止，縱使我們必須遭受千百挫折與打擊，亦在所不惜，決不氣餒。」但「英雄」暮垂，他的精神已支撐不住他的宏志。健康每況愈下，多種疾病與車禍交相而至，最後三年，他只公開露面三次。

　　毛澤東推動了乾坤的轉移，但接連的勝利並未給這位巨人帶來太多的喜悅，「文革」這場風暴已讓他疲倦了，特別是林彪事件的強烈刺激，這位奮戰一生的偉人也處在疾病與苦悶的折磨中。

　　在毛、蔣個人間，毛澤東早已超然以「老朋友」呼蔣。國共爭雄，蔣使毛澤東家破人亡，迷信的蔣曾數次去掘毛澤東的祖墳，而毛澤東面對落在自己手中的蔣家祖墳、祖墓卻護之一草一木、一磚一石。文革中，細心的周恩來一再指示不許衝擊溪口蔣家墓地，但1968年還是有人闖入，炸毀慈庵，所幸未移動遺骨。蔣介石在台得知，囑其兒孫「永記此一仇恨不忘，為家為國建立大業，光先裕後，以雪家仇國恥也。」但中央政府很快修復並嚴加保護。1972年2月21日，毛澤東巧妙地把蔣「拉」入中美間的歷史性對話中，他握著尼克森的手

幽默一語：「我們共同的老朋友蔣委員長對這件事可不贊成了。」輕鬆一語把中美蔣三方本來很敏感微妙的關係清晰地點化了。當尼克森問道：「蔣介石稱主席為匪，不知道主席稱他什麼？」毛澤東哈哈大笑，周恩來代答：「一般地說，我們叫他們『蔣幫』。在報紙上，有時我們稱他作匪，他反過來也叫我們匪，總之，互相對罵就是了。」主席說：「實際上，我們同他的交情比你們長得多。」（據臺灣《中國時報》2009年4月12日報導：「中美建交前，周恩來曾告知蔣介石」。）

在撬開美國大門一周年時，毛澤東又迫切地去撬國共間那扇僵鎖了幾十年的門，他的思維向「和平解放臺灣」的基點回落。國家體育機構仍作先鋒：主動邀請臺灣運動員、教練等到京參加亞非拉乒乓球友好邀請賽、亞運會選拔賽、全運會等；對應邀回國參加比賽的旅日、旅美等台籍同胞熱情接待，並召開座談會、聯歡會闡述中共的政策。有關部門恢復「二‧二八」紀念活動，廖承志、傅作義等著名人士紛紛走出，發表談話、重新強調「愛國一家，愛國不分先後」「歡迎臺灣各方面人員來大陸參觀、探親、訪友，保障他們安全和來去自由」。1975年裡，司法機關連續特赦了全國在押的293名戰爭罪犯，95名美蔣特工和49名武裝特務船員、原國民黨縣團級以上黨政軍特人員，能工作的安排工作，不能工作的養起來，願去臺灣的給路費。病榻上的毛澤東在竭盡全力地向歷史作交代。

1973年5月中旬，香港啟德機場落下了久違八年的第一架中國民航客機。

機上抬下一坐著輪椅的老人，他就是人所共知的國共和平使者——章士釗。中斷七年的海峽兩岸和平統一進程因他的到來開始了新啟動，香港轟動。九十二歲高齡且重病纏身的章

士釗，擔負著自毛、周兩位偉人的巨大期望，來到了他人生的終點站，有殷夫人與兒女陪侍在側，周恩來安排的警衛、醫生、護士、秘書、廚師、保姆等小心護衛著這位德高望重老人的寶貴生命。章到港第一天，就急匆匆地安排會見各方面的朋友，以打通與臺灣的聯繫。他叮囑回京的女兒章含之，轉告毛主席、周總理，他最多在港停三個月。但風燭殘年，7月1日，章的生命之火在香港——這個國共勾連的驛站熄滅了，他把自己的生命最終留在國共再攜手的民族統一事業中。

掩卷而思，國共「合」「分」七十載，演繹出了多少人生的成敗榮辱，多少人生的感慨歎息呀！這裡寫著像章士釗、曹聚仁、張學良這樣獻身兩黨連袂事業的人士的憂與喜，也寫著張治中、李宗仁等跳出黨派恩怨人士的殷殷期盼，李宗仁逝前給毛、周寫信言：「在我快要離開人世的最後一刻，我還深以留在臺灣和海外的國民黨人和一切愛國的知識份子的前途為念。」張治中逝前遺囑：「二十年來，我所念念不忘的是解放臺灣這一片祖國的神聖領士……」

與毛澤東相比，蔣介石的思想是拘謹僵持的。毛給蔣的自尊壓力太大，蔣至死未放棄「討毛」的呼籲，毛澤東成為蔣一生無法原諒的「敵人」。對外他無法作到輕鬆地討論毛澤東，更談不上稱毛澤東一句「老朋友」。他反復強調決不與蘇共和中共接觸。但「國」在他的心中。1974年元旦，南越派軍艦闖入西沙。蔣激烈拍案：「娘希匹。如果中共不出兵，我即出兵。」當即指示台「外交部門」發表「中國領士不容侵犯」的聲明。

中國與南越的海上之戰爆發後，西沙海軍要求增兵，鄧小平請示了毛澤東，毛澤東強調「直接走！」以前為避免國共不必要的摩擦，中共海軍軍艦在東海南海間的往來調動都繞道

臺灣東南的公海，穿越巴士底海峽。但此次四艘導彈護衛艦卻鮮明地站在東引島一側，準備通過。午後正坐在安樂椅上閉目養神的蔣介石聽到這個報告，不由一頓，後不加思索地幽幽一言：「西沙戰事緊哪！」當晚國民黨軍打開探照燈，中共艦隻順利通過。毛澤東精明地考驗了「老朋友」一下。

人老情切，蔣介石的思鄉情在生命的最後時光裡愈加熾烈。1975年元旦，他發表一生中最後一個「復國」文告。春節前後，回台任「總統府資政」的國民黨元老陳立夫接受蔣秘密使命，經秘密管道向中共發來了邀請毛澤東訪問臺灣的資訊。毛澤東反應了，他曾對二度復出擔任第一副總理的鄧小平說：「兩岸要儘快實現『三通』，你可以代表我去臺灣訪問。」沒等共產黨回音，陳立夫在香港報紙上公開發表〈假如我是毛澤東〉一文，「歡迎毛澤東或周恩來到臺灣訪問，與蔣介石重開談判之路，以造福國家人民。」陳立夫特別呼籲毛澤東能「『以大事小』，不計前嫌，效仿北伐和抗日國共兩度合作的前例，開創再次合作的新局面。」沒有等到回音，蔣介石永遠地走了。

1975年4月5日，清明節，中國人悼念亡者的傳統節日。早晨，久臥病榻的蔣介石坐在輪椅上，以久已不見的笑容迎接前來請安的兒子。臨別囑咐經國：「你應好好多休息。」夜幕降臨，蔣陷入昏迷中，子夜晨鐘響起前的十分鐘，蔣衰竭的心臟停止了跳動，享年89歲。兒子經國倒地痛哭，據老蔣貼身侍衛回憶，當準備移靈時，天上突然隆隆雷聲，繼之一陣傾盆大雨如排山倒海而來。蔣經國將之附會為「風雲異色，天地同哀」。

蔣介石帶著一個遺憾走了，他把自己的夢想留給了兒子。這是一個多麼令人悲傷的夢。他年復一年充滿激情地發

表著「反攻」的文告，宣布著「反攻」的時間表，作為「反攻」的計畫（設計出了一千多種方案），如他自己所說，「無一日中斷」。人們笑他不自量力，癡人說夢。事實上，「復國」於他，與其說是可笑的「夢」，不如說是一個神聖不可侵犯的「信念」。一個在美國（請來的「保護神」）赤裸裸禍心下，蔣給自己、給臺灣貼的特殊護身符；一個在二十多年漫長歲月中，蔣唯一賴以維繫支撐這個海中孤舟上的生命群體在孤獨彷徨中苦鬥向前的精神法寶。他的固執、傲慢、自大造成了台島飄移的悲劇，而他未泯的中國心又讓他全力用「反攻」夢想將台島命脈拴在中國上。他要回去！他要讓美國、讓島上所有的人深信：他和國民黨帶台島回家的堅定不懈的決心與信心。或許他比任何人都清楚，他永遠兌現不了自己的諾言，他唯一能做的只能是把自己這一生信念、奮鬥的意義留在遺囑中：

「全國軍民、全黨同志，絕不可因余之不起而懷憂喪志！務望一致精誠團結，服從本黨與政府領導，奉主義為無形之總理，以復國為共同之目標。而中正之精神，自必與我同志、同胞長相左右，實踐三民主義，光復大陸國土……惟願愈益堅此百忍，奮勵自強，非達成國民革命之責任，絕不中止；矢勤矢勇，勿怠勿忽。」

世間最強者正是最弱者。蔣的政治包袱背得太重了，他至死也不肯平實地闡述自己的回家之路。恐懼使他嚴嚴地封閉了通向大陸的門窗，人為地堵住了通向大陸的路道。兩岸天涯隔斷，三十八年骨肉難聚，望穿秋水水化淚啊。四十年，兩岸寫就了一首感天撼地淚跡斑斑的民族長恨歌。

多少人遙望故鄉夢斷腸，骨肉難聚淚行行；多少家庭散失難聚，離恨黃泉。老同盟會會員吳稚輝死時遺囑將其葬在金

門附近海域以貼近大陸。長期擔任國民政府監察院長的于右任老先生，孤獨無依，深念大陸的妻子兒女，無以釋懷，抑鬱苦悶，於1964年11月逝世於臺北。病中寫下三章哀歌堪為人間離情絕唱：

> 葬我于高山之上兮，望我大陸。
> 大陸不可見兮，只有痛哭。
> 葬我于高山之上兮，望我故鄉。
> 故鄉不可見兮，永不能忘。
> 天蒼蒼，野茫茫，山之上，有國殤。

張學良「九・一八」事變後再未回鄉，1946年末，他被秘密押到臺灣。對為民族團結國共攜手獻出全部的張學良將軍來說，人生的三分之一是在鄉愁中度過的。蔣介石逝世後，他去金門參觀，用高倍望遠鏡貪婪地眺望大陸，激動得幾天難眠，他對美國記者說：「我還是想我自個的大陸故鄉」「我非常希望和平統一，這是我最大希望。」

在這張民族悲喜圖上最突出的莫過於中國政壇上的風雲人物宋氏兄妹的離情別淚。國共分合的悲喜演化了宋家親情半個多世紀的離合。1971年4月宋子文在美國逝世，姐妹三人唯有身邊的靄齡出席葬禮。美齡因怕「中共統戰圈套」而中途返回，慶齡因一時包不到專機作罷。1981年5月29日宋慶齡在北京逝世。在她病重的日子裡，廖承志將其病情電告其在海外的親屬，特別是唯一在世的至親——在美國的美齡，邀請她前來北京。姐妹見面是慶齡最大的心願，但美齡保持沉默。宋慶齡治喪委員會向她在臺灣的親屬包括蔣經國及生前好友發出邀請公告、電報，但臺灣當局拒絕接受，並誣衊此為「統戰陰謀」。

其實，真正屬於蔣介石的遺囑該是死前所言：「日後光復大陸，中正生於斯長於斯，要將遺體移往南京，葬於中山先生之側。」蔣介石的遺體經防腐處理，暫安放在桃園縣慈湖行館內的黑色大理石棺槨中。這裡因非常像故鄉溪口，蔣介石因思母而在此修行宮，名之曰慈湖。固執的蔣只能在這裡夢回故里，「以待來日光復大陸，再奉安於南京紫金山。」

在蔣介石離去的幾個月後，1976年1月，國共風雲史上的核心人物——瞭解毛澤東也瞭解蔣介石，為蔣所深深賞識，為毛澤東所深深倚重的周恩來與世長辭。逝前已經昏迷中的他，要求所見的最後一個人是調查部部長羅青長，瞭解對臺灣的工作情況。面對羅青長，周恩來未把心中的話說完，便再度昏迷過去。鄧穎超最瞭解丈夫的心願，她把周恩來的骨灰盒先放在臺灣廳一夜，後遵其遺囑將骨灰撒向中國的山川江海。

7月6日，毛澤東另一位緊密相依的戰友朱德逝世。28日，河北唐山大地震，波及京津，整個唐山化作廢墟。重病中的毛澤東聽了地震情況彙報後，流淚不止。他的身體在接連而至的震動中更為虛弱。往事、未來在他的心中交軌重疊。他對守護在身邊的華國鋒、汪東興等政治局委員緩緩言道：「中國有句古話叫蓋棺定論，我雖未蓋棺也快了，總可以定論了吧！我一生幹了兩件事：一是與蔣介石鬥了那麼幾十年，把他趕到那麼幾個海島上去了，抗戰八年，把日本人請回老家去了。打進北京，總算進了紫禁城，對這些事持異議的人不多，只有那麼幾個人，在我耳邊嘰嘰喳喳，無非是讓我及早收回那幾個海島罷了。另一件事你們都知道，就是發動文化大革命。」

「這事擁護的人不多，反對的人不少。這兩件事沒有完，這筆遺產得交給下一代。怎麼交？和平交不成，就動盪

中交，搞得不好，後代怎麼辦，就得血雨腥風了。你們怎麼辦，只有天知道。」9月8日，逝世前的幾個小時，他要來了日本三木武夫的電報，其中涉及有關大陸與日本進行通聯的商議，他拿著這份電報昏迷過去，再也未醒來。9月9日凌晨十分，毛澤東在49年前打響秋收起義槍聲開始井崗山創業的時刻合上了他生命的傳奇書卷。毛澤東再造了中國，但沒有能實現兩岸統一。這位創造了無數奇跡的巨人帶著一種深深的惆悵，無奈地走到了生命的終點，他沒有蔣那麼重的政治包袱。「臺灣問題要求時間，也需要等到下一代解決。」已經參與到其中的鄧小平接過了毛澤東未完成的兩個歷史任務。

中國半個世紀歷史中的幾位主筆人以各自的方式寫下了「共同」的遺囑而去了。統一，何止是他們的事業，他們的遺囑，這是歷史的遺囑，是所有為中國統一而奮鬥終生的人們的臨終囑望，是民族血淚寫就的心願。

歷史應該前進，後繼者只有明識前人的血淚所得，才能把歷史推向前進，只有進一步走出歷史陰影，才能真正繼承前人的遺志。

四十、華航事件

　　1986年5月3日15時10分，臺灣中華航空公司波音747貨機機長王錫爵，駕機從泰國曼谷機場飛往香港途中降落在廣東白雲機場。同機飛抵廣州的還有副駕駛董光義，機械師邱明志二人，機上有貨物二十二萬磅。王錫爵四十六歲，原籍四川省遂寧市人，1949年隨國民黨軍隊去臺灣。王錫爵表示，這次駕機返回中國大陸，是他多年的願望。

　　5月6日上午，王錫爵從廣州駕機飛抵北京。中國民用航空總局局長胡逸洲在首都機場歡迎王錫爵到大陸定居。王錫爵在機場見到了他父親王伯熙和三個弟弟，下午，國務院副總理田紀雲在人民大會堂接見了王錫爵和他的父親、三個弟弟，對他回大陸定居表示歡迎，並進行了親切的談話。

　　為使華航波音747貨機、人、貨物得到圓滿解決，中國航空公司於5月3日致電臺灣中華航空公司，邀請他們儘早派人來北京商談747貨機處理問題。

　　事發的當天晚上，由蔣經國親自確定，不去大陸「正面直接接觸」，委託香港國泰航空公司全權處理，並委託英國保險公司索機，通過國際紅十字會索人（此機曾在英國勞依茲公司保險）。

　　從5月4日起，臺灣報紙連續報導這一決定。

　　5月11日，中國航空公司再次向臺灣華航空公司致電，表明華航事件純屬兩個民航空公司之間的業務性質商談，不涉及

政治問題，不必經過第三者。華航如覺來北京不便，認為何地合適，也可以提出來商量。

華航在接到中航5月11日的電報通知後，態度發生很大轉變，決定與中航商談。

5月12日，臺灣「交通部民航局長」劉德敏舉行記者招待會，表示此一事件是單純的民航事件，其通過可能途徑向對方要求人、機、貨物的舉措，自當由該公司處理。由十二名國民黨中常委組成的「研究規劃小組」討論決定後，5月13日，臺灣中華航空公司派人就交接波音747貨機、兩名機組人員和貨物事宜，在香港與中航洽談。

5月17日，中國航空公司與臺灣中華航空公司在香港舉行會談。中航代表為民航局香港辦事處經理張經普，民航局國際司副局長盧瑞齡和民航局北京管理局總工程師劉遠潘。中華航空公司代表登機在交接書上簽字。中國民航代表向隨機到達的董光興、邱明志熱情告別，祝賀他們即將與家人團聚。

從5月3日華航貨機事件發生起，到兩航舉行談判，談判圓滿成功，一直到交接貨機，牽動所有臺胞的心，引起臺胞的極大關注。

5月3日，華航貨機事件一發生，臺灣的報紙就及時作了報導。《中國時報》刊出了路透社所發的傳真照片。一些「立法委員」在「立法院」上就此事提出質詢，要求臺灣當局以實際為著眼點，與中共談判。

「立法委員」謝學賢認為，王錫爵說他飛到大陸是為了探望高齡老父。因此，出現這個事件是臺灣當局禁止人民回大陸故鄉探親造成的苦果。早在4月24日，謝學賢在書面質詢行政院時就建議臺灣當局准許「三十年前隨政府遷台的大陸各省籍人士」回大陸探親。5月6日，謝學賢重申：「大陸來台人士

的思鄉情緒非常強烈，政府應基於人道考慮，准許大陸來台人士回大陸探親，以免華航貨機事件重演。」

「立法委員」肖瑞徽在書面質詢中說：「我們拒絕中共的談判要求，國際間許多人會認為我國政府頑固保守、漠視人權，不知道變通。」

「立法委員」黃清河在書面質詢中說：「如果有關方面仍然依循以往僵化的消極做法，恐怕不會有效。建議當局允許普通公民去大陸就歸還華航貨機和機組人員問題進行談判。」

經雙方努力，5月23日上午10時48分，華航貨機從廣州飛抵香港。歷時二十天的華航事件，得到圓滿解決，在兩岸的溝通史上，開創了「華航模式」。

四十一、絕密會晤

　　1996年1月，香港《南華早報》突然發表一篇來自中國大陸的新聞，文稱：1963年冬天，國共兩黨的高層領導人，曾在中國南海的某一島嶼上，進行過一次絕對秘密的高級會晤，還點出參加這次秘密會晤的中共領導人就是當時的國務院總理周恩來。隨行人員共有兩位，一為當時的國防委員會副主席、人大常委會副委員長、與蔣氏父子均有歷史淵源的前國民黨將領張治中先生；另一位則是國務院對台辦公室主任羅青長。國民黨方面參與的是蔣介石和蔣經國父子中的一位或者兩位。

　　接著香港的另一雜誌《開放》在1996年4月號上，也發表了一篇署名為「文詩碧」的專稿，題為〈周恩來確在南海某島秘密會晤蔣經國〉。該文不但證實周恩來確有南海之行，而且點出了國民黨參加會晤的人員是蔣介石的兒子，時任臺灣國民黨「政務委員」、台「國防部政戰部副主任」的蔣經國。

　　據該文介紹說，這一重要訊息是國共雙方的核心機密。「文詩碧」表示提供消息的來源人是北京的「軍方人士」彭緒一。鑒於「文詩碧」文章中的上述三點，他所證實的周恩來南海會晤國民黨上層人士的歷史事件，無疑具有很高的可信度。

　　彭緒一曾赴朝參戰，擔任彭德懷元帥的軍事參謀。彭德懷廬山會議上因言獲罪後，彭緒一身陷囹圄，在監獄裡生活了二十餘年。「四人幫」被粉碎以後，才獲得重新工作的機會。彭緒一在北京不失為一位小有名氣的軍事評論家。曾經多次為中共一些重要軍事家和政治家們寫過回憶錄，而且他還親自採

訪過當年和周恩來一起赴南海參加高級密晤的隨行人員羅青長。雖然如此，但是，周恩來和蔣經國會晤的時間、地點、人物、以及這次重要會晤的內容等重要情節他所瞭解的也是隻鱗片爪。

關於周恩來是否在1963年12月，由羅青長陪同，在南海艦隊司令員吳瑞林中將的護衛下，從廣州啟程前往南海某島與國民黨主要領導人進行政治對話的史實，1997年冬終於得到了印證。

1997年冬天北京改革出版社出版了一本《最可愛的人》，這是一本專為南海艦隊司令員吳瑞林所編的紀念文集，就在這本紀念文集中，有一篇特別令人注意的文章，題目是〈他曾為周總理護航──回憶吳瑞林二三事〉。此文約有五千餘字，作者就是羅青長。羅青長在這篇文章中確認香港傳媒所報導的事實是真實的。他寫道：「1995年春節，我去吳瑞林家中探望他，老戰友見面，分外高興，促膝長談，一起回憶當年一起工作與戰鬥的情景……1963年12月初，周恩來總理與張治中副委員長到廣東省邊境，與兩位能溝通兩黨關係的人進行秘密會晤，我當時任中央對台辦主任，參與了此次鮮為人知的活動……。」

羅青長的話言簡意賅，三言兩語就說明了這樁紛傳多時的重大事件確有其事。同時也為國共兩黨高層人士在當年南海舉行秘密會晤提供了權威的佐證。羅青長在談到周恩來赴南海的起因時這樣說：「為了保衛總理的安全，並使會晤不被干擾，我奉命去找當時任廣州軍區副司令員兼南海艦隊司令員的吳瑞林同志，向他傳達並說明了此行的重要性及保密要求，他當即表示，對中央賦予的使命堅決執行，並立即部署。」

在談到周恩來秘密來到廣東以後的情況時，羅青長說：「會晤前夕，周總理、張治中副委員長順訪了廣東省的一些地

方，在參觀了黃埔軍校舊址後，來到了黃埔港，並由吳瑞林陪同，檢閱了南海艦隊部分官兵。隨後，周總理、張治中副委員長登上了海軍的一艘護衛艦，開始了秘密航行……在從廣州到邊境的預定會晤地點，海上要有一天多的航程。為了照顧好周總理的休息，吳瑞林同志令護衛艦低速行駛，使發動機噪音減小到最低程度。恰好當天夜晚，海面上風平浪靜。第二天到達目的地後，周總理精神百倍地對大家說：「這晚上是幾年來睡得最安穩的一夜。」登岸後，周總理還向全艦官兵親切致謝……。

羅青長在陪同周恩來到達那個始終不肯說明的「預定會晤地點」以後，他又這樣寫道：「在周總理此次重要的秘密邊境會晤的幾天裡，吳瑞林同志又親自帶領了三艘軍艦，在附近的海域進行了小分隊軍事演習，以掩護會晤的順利進行，也確保了周總理一行的安全。」

羅青長的上述回憶中，沒有涉及和提到周恩來會晤國民黨方面人士究竟何人，也沒有談到具體細節。他僅僅承認與「兩位能溝通國共兩黨關係的人」進行了秘密會晤。至於這兩人究竟是誰，事隔三十多年之後，羅青長仍不願意公開。由此可見，這次會晤的秘密程度。

當時由於高度的保密，中央未對吳瑞林同志說明此行的詳情。在我們回顧這段歷史後，瑞林同志很欣慰地說：「他這才知道1963年12月的護航，使他有幸完成了一項重要的政治使命。這件事不但有歷史意義也有重要的現實意義。他很感激黨中央，周總理當年對他的高度信任。」

周恩來在南海某島與國民黨人士的會晤，在事隔幾十年以後仍然有許多待釋之謎。1992年羅青長在中國共產黨的第十四大後退休，多年來作為這一歷史事件的當事人，其間雖有

多人前去訪問，可是羅青長始終守口如瓶。只在吳瑞林病逝後所寫的一篇文章中，首次證實了1963年12月他與周恩來、張治中前往南海，與國民黨的兩個可以溝通國共兩黨關係的人進行秘密會晤的史實。但是國共高層會晤所商談的問題，多年後國共兩黨的任何一方始終沒有透露。

周恩來與當時可以溝通國共兩黨關係的「兩個人」在南海某島舉行的幾天會晤，在當時具有高度的保密性。對於南海的國共高層會晤內容，彭緒一在死前曾說過，「周恩來和國民黨代表當時達成了共識和默契，後來由於大陸的『文革』影響，使共識和默契沒能實現。」此外當事人羅青長在事隔三十多年後公開發表的文章中，也明確指出周恩來在南海與國民黨人士進行的會晤：「溝通了當時的臺灣當局（蔣介石、陳誠、蔣經國）與大陸，都在主張一個中國的問題上，達成了默契，使國共兩黨有了一定基礎的共識。」由此觀之，周恩來南海之行仍然是富有成果的。也為以後的會談打下了基礎。

四十二、電影之橋

　　1986年4月，《血戰台兒莊》在香港舉行了首映式。臺灣中央社在香港的負責人謝忠候在看完電影後，當晚就給蔣經國打電話說：「我剛才看了中共在香港上映的一個抗戰影片，講的是國軍抗戰打勝仗的，名叫《血戰台兒莊》，裡面出現了先總統的形象，跟他們以前的影片形象不同，這次形象是正面的。」蔣經國聽說後，很是震驚，馬上對謝忠候說：「找一個拷貝來看看。」謝忠候就找到新華社香港分社的負責人，新華社有關負責人立即報告了中共中央，並很快得到了中共中央和中央領導同志的批示同意，於是廣西製片廠就複製了一盤錄影帶，通過新華社送給謝忠候。

　　1987年，臺灣收到《血戰台兒莊》拷貝後，宋美齡和蔣經國都很快地觀看了影片。看完後，蔣經國說：「從這個影片看來，大陸已承認我們抗戰了。這個影片沒有往我父親臉上抹黑。看來，大陸（對臺灣）的政策有所調整，我們相應也要作些調整。」不久後，蔣經國終於決定同意開放國民黨部隊老兵回大陸探親，海峽兩岸同胞在骨肉分離了三十七年後，終於把苦思的鄉愁化作了重逢的喜悅。

　　一部抗戰影片打破了政治寒冰！它何以有如此大的影響力呢？還是讓我們把歷史重播吧。

　　江蘇徐州歷來為兵家要塞。侵華日軍1937年十二月佔領南京、濟南以後，為打通津浦路，使南北日軍聯成一片，先後集中八個師團、五個旅團約二十四萬人，於1938年一月下

旬開始南北對進，夾擊徐州。在一月至五月間，中國第五戰區司令長官李宗仁指揮十二個集團軍約六十萬人防守徐州，阻止南北日軍會合，在以徐州為中心的廣大地區與侵華日軍進行了抗戰以來歷時最長的一次會戰。其中台兒莊戰役的勝利是這次聞名中外的大會戰的關鍵環節，這就是著名的「台兒莊大捷」。而台兒莊這個彈丸之地也因為經歷了這場驚人血戰，聞名世界。

　　1965年7月20日，李宗仁先生及夫人郭德潔女士回歸中國。周恩來、賀龍、彭真、郭沫若等黨和國家領導人親自到首都機場迎接。周恩來在歡迎李宗仁歸國的宴會上，給時任北京電影學院院長的成蔭敬酒時說：「今天李先生從海外歸來，我看他有兩件事今後可以拍成電影。一是1938年李先生指揮國民黨雜牌軍在徐州會戰中的台兒莊大捷，一個就是今天李先生歸根。」

　　成蔭始終牢記周總理的囑託，但因「文化大革命」的爆發，拍攝台兒莊大捷的事情不得不束之高閣。1982年，成蔭對來自廣西電影製片廠正在電影學院進修的陳敦德說起這件事，因為李宗仁是第五戰區司令，屬於國民黨桂系，所以成蔭希望陳敦德將來回廣西電影製片廠後能配合拍攝《台兒莊大捷》這部電影。可是，成蔭不久突然辭世，遺願未能實現。1985年就任廣西電影製片廠文學部主任的陳敦德接過重擔，並取得廣西壯族自治區政府老主席韋純束及黃埔軍校同學會的大力支持。但是在電影界，當時的廣西電影製片廠是個小廠，很難完成這一部戰爭大片，陳敦德就此北上請八一電影製片廠著名導演楊光遠執導。兩人一拍即合，楊光遠還向陳敦德推薦了田軍利和費林軍在《八一電影》上發表的電影劇本《血戰台兒莊》。但該劇原作是以抗日名將張自忠為原型。根據成蔭生前所述的周總理的囑託，結合改革開放形勢及廣西的情況，陳敦

德決定重新創作，將田軍利和費林軍請到廣西，提出讓他們將劇本改為以李宗仁指揮台兒莊戰役為主線，並得到時任國家電影局局長石方禹等人的鼎力支持，以及解放軍軍事科學院和當年參戰的黃埔將領鄭洞國、鄭庭笈、覃異之等將軍的熱情協助，李宗仁原秘書程思遠也出任顧問給予積極指導。這樣《血戰台兒莊》的電影劇本經過多方研究討論，在十七次修改定稿之後，終於開拍。

在長達一年多的攝製工作中，沒有拍過戰爭片的廣西電影廠得到八一電影廠的大力支持。時任八一電影廠的肖穆廠長應廣西電影製片廠之邀，派出優秀戰爭片導演楊光遠執導，還同意楊導點將帶去各方面優秀主創人員。同時，拍攝工作還得到台兒莊當地老百姓的巨大支持，時任濟南軍區政治委員的遲浩田還派出在全軍都響噹噹的優秀部隊參加拍攝，使敵我兩軍拼刺刀的戲，拍得真切動人。當時的文化部顧問，曾以新聞記者身份親歷台兒莊大捷的荷蘭籍世界著名新聞紀錄片電影大師伊文思，也提供了當年戰場的紀錄片《四萬萬中國人民》作為參考文獻，《血戰台兒莊》中諸如「人梯渡橋」、「運河鏖戰」等許多動人場景都取材於這部著名紀錄片的真實鏡頭。

1985年夏末，李宗仁將軍唯一的兒子李幼鄰在美國得知中國大陸拍攝《血戰台兒莊》的消息後，馬上從美國趕回中國探親。飛機一落地，李幼鄰先生就向來機場接他的陳敦德說：「我先不要去賓館，你現在就帶我去看《血戰台兒莊》。」當時電影還在後期製作中，拗不過李幼鄰的執著和迫切，陳敦德只好請示國家電影局的領導，在得到同意後，李幼鄰觀看了《血戰台兒莊》的「臺詞雙片」（即沒有音樂剪輯合成的毛片）。看了不到十分鐘，李幼鄰的眼淚就嘩嘩地流下來了。

在影片中，蔣介石的形象是正面的：國民黨師長王炳章在戰鬥中英勇犧牲後，蔣介石親自主持了追悼會，這時候天空上有日軍的戰機飛來掃射轟炸，面對危險，蔣介石臨危不亂，發表講話，鎮定自若。據陳敦德介紹，這場戲是根據歷史檔案拍攝的，而這個經典的鏡頭畫面，與大陸此前反映國民黨、蔣介石的影片確實有著顯著的不同。還原歷史，面對真實的歷史，這或許是該影片打破政治寒冰的一個重要原因吧。

四十三、學良情深

自1936年西安事變，張學良親自陪送蔣介石到南京後，張學良便開始了漫長的幽禁生活。起初，出於戰爭和安全的需要，張學良的囚住地點一直變換不定：

1937年初，張學良被囚禁在奉化溪口的雪寶山；

1938年秋，又遷徙貴州修文縣；

1946年11月，張學良被騙解到臺灣新竹井上溫泉。

1949年，搬至臺北近郊的陽明山。

1961年秋，當張學良被解禁後，在臺灣北投新造了一座小別墅。

在這五次幽禁地點的交接中，前三次都是蔣介石一手安排策劃的，後兩次卻是蔣介石的大兒子精心選定的。如果說前三次囚住地點的選定出自蔣介石便於「嚴加管束」和「必須高度安全」的目的，那麼後兩次，蔣經國為張學良選定住址似乎更多的是出於對張學良的友情、敬慕和愛戴。

1949年蔣介石退踞臺灣後，為了安穩人心，加強台建實現其「光復大陸」的夢想，開始了對其黨政的大力整頓和調整。這時，蔣經國被委任為「國防部總政戰部主任」之職，軍銜為二級上將。蔣經國接管權力之後，長期負責「管束」張學良的保安處也歸於蔣經國管轄之下。蔣經國和張學良的交往是從這時才真正開始的。

蔣經國對張學良早有所聞，又敬慕已久，他覺得自己有理由把張學良看作朋友，看作老師。這樣，蔣經國便按照自己的

意願，在大體不違背其父蔣介石的意旨下，開始了與張學良的交往。他考慮良久，決定將張學良和趙四小姐從新竹井上溫泉遷出。

那麼，張學良新的住址選擇在那兒呢？為此，蔣經國著實費了一番腦筋。他覺得新址必須符合以下條件：環境幽美，離臺北較近，交通順暢。經過一番考慮之後，蔣經國為張學良選定了臺北北郊的陽明山。蔣經國選中陽明山讓張學良夫婦落戶，內心還有另外的打算。因為蔣介石和宋美齡已經把日後定居的官邸，確定在了陽明山山腳下的土林鎮。一旦張學良從井上遷到這裡，也就為張學良與蔣介石的相晤提供了方便，自然而然在父親與朋友間架起了一座溝通的橋樑，同時也向世人展示了他與張學良至誠交往的真意。

蔣經國拿定主意後，特地邀請張學良到陽明山勘訪。望著滿山蔥鬱的樹林，點綴其間的亭臺樓閣，張學良表示非常滿意，認為在此生活對修身養性、研讀學問大有好處。但是在商議住所地點時，他竟出人意料地選擇了半山腰陽明公墓邊的幾間平房，他說：「我這個人，這些年寂寞慣了，在熱鬧的地方待著，反而不舒服。明朝末年有一個人，他的名字我記不清了，他就住在墓地裡。我很喜歡他作的一副對聯：『妻何聰明夫何貴，人何寥落鬼何多。』既然人人都要死去，誰也逃不了這一關，我在公墓居住又何妨？」

張學良認為，住在這裡很好，因為公墓裡埋著的一些人他認識，有的還是他的朋友。以後也還會有朋友埋到這裡，他可以經常去拜訪他們。同時，公路邊上沒有汽車，走路碰不著。再者，有朋友看望他，只要告訴司機他在陽明山上面，很容易就會找到了，省得給人家添麻煩。

對於張學良的這個選擇，蔣經國自然不會同意，不管張學良怎樣解釋，他都不會讓自己的朋友住在公墓裡。最終，他在陽明山莊附近，選中了一幢別墅送給了張學良。

儘管張學良認為「搬搬家，不過是換一個地方而已，何必那麼講究。」但他對蔣經國的心意還是很感激的。

蔣經國為張學良選擇陽明山定居，主要是因為還在幽禁管理之下。儘管得到蔣經國的關照，但居住的陽明山別墅畢竟遠離臺北市區，稍顯偏僻。幽禁多年後，與他來往的這些故舊都已年老體邁，從朋友們每次探訪的言談裡，從他們那份因山高路遠而帶來的疲倦神態中，他看到了老友們每次出行的不易，珍視友情的張學良逐漸產生了一個念頭：「管束」解除之後，重新選擇新址建屋。

一次，原東北軍十幾名部屬前來問候，分手時他們想到自己年紀老邁，出行不便，不知何日還能再相聚，一股悲傷的情緒突然爆發了出來，離愁別願，使得他們竟然孩子般地抱頭痛哭。此情此景，讓張學良也有些隱忍不禁，淚水即將湧出時，他再次拿出少帥的威儀，忽然高聲發布命令：「成三列縱隊，列隊！向後轉，開步走！」軍令如山倒，在老帥的命令發出之後，十幾個人似乎找到了昔日「沙場秋點兵」的感覺，他們邁步向前，按照老帥的口令，一步一步……那股難捨難離的心緒逐漸平和。

「嚴加管束」的禁令已經解除，張學良的心緒逐漸好轉，經常的出遊探訪也使他感到因居住地偏遠帶來的不方便。更為主要的是，自從「管束」以來，「陽明」兩字彷彿成了他生活的代名詞。起初被幽禁在奉化溪口，蔣介石就讓他攻讀王陽明的典籍；後來遷徙到貴州修文縣，他又被安排在陽明洞旁的陽明祠居住；臺灣「二‧二八」事件發生時，負責監管

的保密局以防不測，又準備把他轉移到江西的陽明洞；從井上溫泉遷出後，他又來到了陽明山，「陽明」的稱謂，幾乎伴隨了他幽禁的始終。回想這些經歷，在獲得自由後，張學良覺得真該與這個稱謂告別了。

當蔣經國又來探訪的時候，張學良不失時機地談到遷居的想法。他提出因為年事已高，居住偏遠，與朋友往來非常不方便等原因，希望在城郊附近選擇一塊地點，由他自己出資蓋幢房子，以便搬下山去居住。蔣經國聽了張學良的陳述，覺得確實如此，當即答應下來。沒過多久，蔣經國就派車來接張學良和趙四小姐，請他們前去查看他選中的新居的建築地點。

這就是地處臺北市西郊的北投復興三路七十號。這裡臨近郊區，綠蔭環抱，清靜幽雅。雖然沒有市區林立的高層建築，車水馬龍，但出入市區又十分方便。而且，這裡的寧靜，對於惟恐成為記者筆下新聞人物的張學良而言，也十分的適合。特別值得一提的是，附近還有一塊正在出售的空地，兩位老人可以把它們買下來建一所花園和網球場。張學良和趙四小姐對這裡非常滿意，他們向蔣經國表示，非常感謝他選擇的這塊新宅址，他們願意在此建房安居。

蔣經國建議他們從清靜考慮，把旁邊的地一起買下來，這也符合張學良的心思，他欣然接受了這個提議，隨後蔣經國吩咐，抓緊時間設計，及早完工。因為蔣經國的親自過問，張學良北投新居的建設工程進展十分順利，轉眼間一幢灰色兩層小樓拔地而起。按照主人的意願，樓前道旁種滿了花草樹木，庭院裡滿眼綠色，為了使甬道在夏日裡顯得蔭涼，他們特意栽種了被譽為樹中君子的垂柳。風起之時，柳枝飛揚，別具新意。

風和日麗的八月，張學良如願以償地搬進了北投新居。對於這次喬遷之喜，張學良心中別有一番滋味。自從南京受審以來，他輾轉遷徙，經常更換住所，但每一次搬遷都不是按照自己的心願前往的，而且居住的地點也沒有一次是自己選定的。

　　今天，在度過了難言的煎熬之後，他總算按照自己的意願選定了新居。這次喬遷的喜悅之情，他和新老朋友們都難以按捺住無比的興奮。朋友們紛紛趕來祝賀，蔣經國雖然沒有露面，但也派人送來了一套中式豪華傢俱作為賀禮，說是為佈置客廳特意選購的。

下篇：相關解密

四十四、兄弟瓜葛

　　1986年6月，被蔣經國任命為臺灣「國家安全會議秘書長」的蔣緯國，曾在1985年打算在結束軍旅生涯的前夕，出版一本披露自己身世奧秘的書——《蔣緯國報到》。可惜，這本可能繼《蔣家王朝》之後再度成為轟動海內外的著作，終因其兄蔣經國一紙令下，而在付印之前遭到查禁的厄運，使蔣緯國期望於晚年之際自白身世以求葉落歸根的夢想，頓時幻滅。

　　《蔣緯國報到》是一本核對完畢，即將付印前被扼殺的書，這本書分為兩大部份，前兩章是蔣緯國自述為什麼他會研究戰略，這當中他透露了自己的身世之謎。第二部份則全在大談戰略。

　　蔣緯國由於不是蔣介石所親生，因而在蔣家王朝的權力分配及蔣介石死後，蔣經國主政臺灣時期，受到了打壓和排擠，他自詡為三國魏之曹植，與曹植不同的是，他還不是「同根生」，所以只能在「釜中泣」。但他臨終遺言直指蔣經國——「你也不是同根生！」揭開了蔣氏家族的驚天迷霧，鬧得沸沸揚揚。

　　但看了臺灣《商業週報》的報導，讀者自有公論。報導說：「剛過世的前總統府資政蔣緯國曾於病榻前向友人透露，蔣介石曾於幼年受傷，喪失生育能力，因此他的哥哥，即蔣經國不是蔣介石的親生兒子。」

　　《商業週刊》主要是根據臺灣中興大學教授范光陵轉述蔣緯國於生前留下的錄音帶內容而作的報導。另外，臺灣的評論作家高茂辰曾於1992年7月5日，與資深報人陸鏗到臺北的榮

民總醫院探視剛剛摘除白內障手術的蔣緯國，當天蔣緯國首度向外人道出蔣經國的身世秘辛。

《商業週刊》的報導稱，蔣介石四、五歲時，錯把取暖用的「夾爐」當「矮凳」，造成臀部和陰囊嚴重灼傷，其陰囊塗上豬油止痛，卻不小心被土狗咬傷，因此喪失生育能力。1901年，蔣介石十六歲那年，蔣介石娶了同鄉姑娘毛福梅為妻，六年後，蔣介石赴日本就讀軍校，而蔣經國的出生年月正是在蔣介石久居日本之時。而且，蔣介石曾娶了四任妻子，但卻僅有蔣經國一個兒子（蔣緯國為戴季陶之子），這一點也成了蔣經國很可能不是蔣介石親生之子的佐證。

臺灣堪稱研究蔣介石的權威文史學家李敖在接受記者採訪時表示，早在多年前，他便曾根據故宮博物院院長秦孝儀等人所編的蔣介石年表，得悉蔣介石在二十二歲赴日本讀書，二十四歲蔣經國出生後才返回。前後長達二十七個月的時間，蔣介石沒有返回大陸的紀錄，毛福梅一輩子更未曾離開過浙江，因此他寫過一篇〈蔣經國懷胎二十個月嗎？〉文章，質疑蔣經國的身世。

李敖說，蔣緯國可能是心理不平衡，因為他一輩子受了不少氣，所以在臨終前把真相說了出來，表示「我是假的，你也不是真的」。

李敖認為，《商業週刊》所轉述的內容有些正確，但也有錯誤的地方，例如有關蔣介石錯將「夾爐」當「矮凳」一事，應屬外傷，此可由蔣介石還會長鬍子可以證明，而蔣介石娶了四任妻子卻無子嗣，乃是因為染患過梅毒，所以雖有性能力，但無生殖能力。

不過，國民黨「中央通訊社」即日發表消息，引述權威書籍，說蔣經國確實是蔣介石所生，並援引蔣介石在留學日本期間曾多次返回中國與毛氏同住為證。

四十五、「嚴慈」宿願

　　蔣經國的三個兒子蔣孝文、蔣孝武與蔣孝勇均已過世。即使在過去，也只有蔣孝武和章孝嚴有來往。因此，章孝嚴和蔣家熟悉的親友、長輩都曾表示過，章孝嚴要從法律上成為蔣經國的兒子，需要通過蔣經國的夫人蔣方良這一關。而蔣方良對此又不予承認，所以，此事「實在是困難多矣」。

　　這件事也驚動了在三藩市居住的蔣孝勇的遺孀蔣方智怡。她對章孝嚴的身世又成為新聞焦點不願作直接評論。她說，她實在不瞭解章孝嚴的真正意圖，她考慮這個問題有一個標準：對先人的尊敬與愛護。章孝嚴的侄女，章孝慈的女兒章友菊則對媒體表示，她對章孝嚴所說「與弟弟的家人商量過」一事表示「頗感困擾」。她還說，她不希望父親的名字被當作工具來使用，更不願見到自己沒說什麼，卻被糊裡糊塗地捲進去。

　　對於蔣方智怡和章友菊的說法，章孝嚴指出，他雖然沒有專門找這兩家人一起坐下來商量，但2000年8月，他全家和章孝慈的家人曾到浙江奉化溪口拜祭祖墳，當時，章友菊和她的哥哥章勁松及蔣友松的母親蔡惠媚都去了，那時，他們已經講了「認祖歸宗，但仍維持章姓」。至於更改身份證一事，他曾先後和蔣友松講過，也和他們的媽媽談過，「我們是商量過的呀！」

　　章孝嚴為何寧可姓章而不姓蔣？原因主要有兩個。章孝嚴的子女均已成年，他們更改證件會給生活上造成諸多不

便，所以不願隨著父親改姓蔣，同時，他們也不願隨著引發與蔣家後代爭遺產的猜測。但章孝嚴不願姓蔣最主要的原因卻並不在此。

章孝嚴的母親章亞若過世後，舅舅章瀚若和舅母紀琛為安排他們兄弟二人的生活，可謂費盡了心思。為掩人耳目以保住他們的性命，章瀚若和紀琛在為他們報戶口時在父母欄內填了自己的名字。至於一手撫養章孝嚴兄弟的外婆，對章氏兄弟更是恩重如山。

章孝嚴在桂林出生，母親章亞若在他們兄弟二人不到一歲時突然去世。他們隨即被送往章亞若的故鄉江西省南昌市，由外婆撫養。兩兄弟七歲時，國民黨在大陸的形勢吃緊，外婆帶著他們移居臺灣，躲避戰火。母親早逝，生父蔣經國又無法直接面對他們，外婆便成了他們唯一的依靠。外婆對章孝嚴兄弟照顧得無微不至，甚至到了七十多歲還天天到車站去接讀初中的外孫。

舅父、舅母也是章孝嚴忘卻不了的。年幼時，章孝嚴兄弟雖然無法感受父愛和母愛，但章亞若的兄弟姊妹卻在填補這一空白。1942年，章亞若隱居到桂林生產時，妹妹章亞梅即往桂林協助章亞若照顧章孝嚴兄弟，直到章亞若過世。章氏兄弟到臺灣前，「亞梅阿姨」一直肩負著照顧兩兄弟的任務。章瀚若是章亞若的大弟弟，與章亞若最親近。在大陸時，他擔負著兩兄弟的經濟開支。

此外，章孝嚴兄弟與章家的關係還延續到表兄弟姊妹。章孝嚴的表哥章修純當年也隨祖母和章孝嚴兄弟來台。在臺灣期間，他負責接送兩兄弟上下學。

與此形成鮮明對比的是，蔣家後代至今仍拒絕承認章孝嚴為蔣氏子孫。他們中的多數人對章孝嚴到浙江奉化「認祖歸

宗」，不以為然，甚至說「蔣家沒有這個人」。章孝嚴曾數次請求與宋美齡見面，但均被冷酷地拒絕。

章孝嚴在三歲以前曾被喚為「蔣孝嚴」，甚至章孝嚴兄弟的名字也依蔣家第三代的「孝」字輩排行。但現在，章孝嚴還是堅持以章為姓，可見其中親情的成分起了多麼大的作用。

DNA驗證不現實，2001年7月8日，臺灣「法務部」就章孝嚴向「內政部」申請更改身份證，在法律上以蔣經國為父作出答覆。答覆函說：「章孝嚴可以維持母姓。」但答覆函也同時委婉地暗示，章孝嚴應該依司法途徑完成「認領」程式。

對於「法務部」的這個表態，章孝嚴說，他是蔣經國之子，這是個事實，是兩岸幾億人都知道的事，臺灣民政部門應該「就這個幾億人知道的明確事實」准許他更正戶籍上的父母欄；就事實論事實、從史籍、文獻及人證角度探討，將章孝嚴戶籍中的父母更正為蔣經國及章亞若，不過是將「錯了五六十年的錯誤歷史」更正過來罷了。

一些臺灣媒體指出，蔣經國過世多年，無法主動認領章孝嚴，章也無法以蔣經國為被告提起強制認領的訴訟，依蔣經國的特殊身份，以鑑驗蔣經國與章孝嚴DNA的方式，實際上恐怕不可行，比較可能的是章以父親生前的撫育事實，依有關法令「視為生父認領」完成他認祖歸宗的心願。

據《上海僑報》2005年4月7日報導，臺灣「立委」蔣孝嚴於三日晚上七時許乘坐香港航機飛抵桂林，為母章亞若夫人第五次祭掃。六日中午前往浙江溪口，去蔣氏故居祭祖和到毛福梅夫人的墳前拜祭。這是他首次以蔣家子弟身份參與奉化溪口蔣氏家庭的清明祭祖。蔣孝嚴透露，蔣家族長已將他列入報本堂族譜中，排名在蔣孝文、蔣孝武、蔣孝勇之旁。多年夢想，宿願終償。不久前他還被選為國民黨副主席。

章孝嚴的祭祖文

花清酌之儀，祭告於蔣氏列祖宗之靈。曰：

環山鬱鬱，遠水泱泱，奉化溪口，育培賢良，
薪傳世代，子嗣其昌，領袖中國，寰球頌揚。
誓師北伐，綏靖四方，八年抗戰，光復舊疆，
一朝遷播，勵治圖強，奉行主義，富樂安康。
人生苦短，福澤流長，箕裘克紹，有子承光，
民主憲政，推行康莊，孫孟道流，台澎發皇。
仁義為本，首重綱常，講信修睦，裡仁流芳，
家齊治國，賴此顯彰，河清可俟，其樂未央。
孝慈與我，隔海相將，思深情切，孺慕難忘，
孝慈往矣，折翼斷腸，今與家眷，九人同行。
香焚一炷，肅立祠堂，敢告列祖，列宗共襄，
佑我國泰，民安其鄉，家有團聚，人無離傷。

四十六、英文秘書

　　1991年，宋楚瑜擔任臺灣「新聞局長」之後，蔣經國英文秘書一職一時無人接替，蔣經國心目中早已有了人選，只是不清楚馬英九是否願意。而馬英九的父親馬鶴凌一心想讓兒子從政，自然是滿心歡喜。

　　蔣經國幾年前就已經認定馬英九是個人才，所以，給予馬英九的職務並不僅僅只是英文秘書，而是英文秘書兼「總統府」第一局副局長。

　　別看馬英九現在身材勻稱，體重適當，當年可是個大胖子，體重竟高達九十多公斤。他第一天去「總統府」上班，恰好蔣經國會見境外友人。蔣經國與境外友人並排而坐，中間隔著一個茶几。按照慣例，馬英九的位置在那只茶几的後面，他所充當的是翻譯角色。

　　這件事可苦了馬英九，以前的英文秘書，包括宋楚瑜在內，個子都不大，也不重。坐在那裡沒有任何問題。現在馬英九坐在那裡，差不多將整個空間塞滿了，連動一下都沒有可能，尤其是那張矮椅子，看上去有點弱不禁風，馬英九始終擔心，自己如果動作大了點，弄不好便將椅子坐斷了。所以他坐在那裡動也不敢動。

　　沒料到蔣經國異常細心，他已看出了這一點。後來蔣經國特別交代秘書室給馬英九換把椅子，並讓他們給馬英九多留一點活動空間。

馬英九給蔣經國當翻譯，也曾鬧出過「幽默錯誤」，那是因為蔣經國的浙江口音所致。有一次，蔣經國接見一名境外友人，此人非常熟悉蘇聯事務，兩人自然談起了蘇聯。蔣經國談到了蘇聯加盟共和國阿塞拜疆的首府巴庫，他發出這個音的時候，用的是浙江口音的中國話，而馬英九對蘇聯幾乎沒什麼瞭解。他想當然地以為，既然是首府，自然是什麼「宮」之類，比如克里姆林宮、白金漢宮。而浙江話所說的「巴」，又和「白」極其相似，所以馬英九便翻譯成「白宮」。蔣經國不清楚馬英九是怎麼翻譯的，但那個客人知道阿塞拜疆的首都不是「白宮」，卻又不明白這個年輕人為什麼會翻譯成「白宮」所以有些發愣。

　　馬英九每次都以「白宮」翻譯時，都發現外賓的神色有異，這時他才意識到自己翻譯錯了。馬英九知道自己工作出錯之後，內心極其不安。他找了個機會，將此事向蔣經國核實了一遍，並告訴他，自己有可能翻譯錯了。蔣經國自然知道馬英九犯了一個大錯，同時他對馬英九知錯立即改正的勇氣，極為欣賞。結果壞事變成了好事，使得馬英九在蔣經國面前賺足了印象分。後來蔣經國誇他，是「沒有缺陷的年輕人」。

　　從留學歸來，到蔣經國逝世，馬英九在蔣經國身邊工作了將近七年時間。馬英九不是那種在政治上廣結善緣的人。就算他有那麼多機會可以討好蔣經國，以求蔣經國在政治上提拔他，可實際上他並沒有在這上面花很多的情感工夫，只是一心一意將自己份內的工作做好。馬英九和蔣經國的關係，可以說是一種純粹的工作關係。在這方面，臺灣媒體評價他的，他就是那種「不粘鍋」性格。所謂「不粘鍋」，指的便是他在政治上不拉派不結幫，我行我素。只要是對的，無論是誰，他都支持；只要是不符合他的觀點的，他也會提出意見；如果對方是

明顯錯誤或者是在使陰謀，他知道之後，也會以自己的方式提出批評。平常在蔣經國身邊工作，除了勤奮，就是認真。凡是份內的事，他一絲不苟，不該他知道的事，他會從不打聽從不過問，更不會替人說情等。

據蔣經國的兒子蔣孝勇回憶說：「到了晚年，蔣經國已經沒有幾個信任的人，因為那些人對他所說的話，大多帶有強烈的個人目的，許多話是不能信的。馬英九是難得一個大好人，一個肯對他說真話的人。雖然馬英九沒有想方設法讓蔣經國對自己產生一種親子般的感情，蔣經國卻非常喜歡這個年輕人。」

1984年，蔣經國對班子進行了一次大調整，這次調整的一個大基調，誰都看得出來，那就是本土化和年輕化。正是這次調整，推出了臺灣兩個引人注目的人物。李登輝和馬英九—李登輝成了接班人，擔任了「副總統」；馬英九平步青雲，擔任國民黨中央黨部副秘書長。這一職務使得馬英九一下子在國民黨內超越了很多人。

四十七、曾孫博客

　　剛剛開張幾天，點擊量已超過三十萬，留言多達三千多條，這就是蔣家第四代、蔣友柏的部落格。在蔣家逐漸淡出臺灣政壇，臺當局又把「去蔣」議題炒得沸沸揚揚之際，這位蔣家後人心中可謂五味雜陳。這個姓氏到底帶給他什麼影響，對於祖輩的功過又如何評說，蔣友柏都在自己的博客中一一道來。

　　2007年12月28日，蔣友柏的博客「白木怡言」開張，「白木」取自蔣友柏的「柏」字，「怡」只是心在臺灣的意思。部落格頁面並不花俏，以黑、白、灰色襯底，乾淨而低調。蔣友柏說，對於紛紛擾擾的政治議題，他以後都只寫不說。

　　在第一篇序言裡，他就開宗明義地點出：「我想要遠離政治，但是只要我人在臺灣，『臺灣政治』就會巴著我不放……」。對於姓蔣這回事，蔣友柏娓娓道來其中滋味：「小時候家住在陽明山上，那時候無論我到哪裡，都有兩個隨扈跟在後面，上課他們就坐在後面等我，忘了帶課本，還可以叫他們回家拿，童年記憶，讓我感覺姓蔣真的是好拽」。

　　可這種優越感在1988年蔣經國去世後便找不到了，蔣友柏隨著父母移居加拿大。離開臺灣，就等於離開了「蔣」這個姓氏帶來的困擾，蔣友柏在博客中寫道：「對我倒是一件好事，給了我一個全新的環境，讓我有機會作個『凡人』」。

　　但2001年蔣友柏再度回到臺灣發展時，這個姓氏再度帶給他一些「貴族」的待遇，讓他感受了什麼叫「冰火兩重天」。先是追求女友時，會被對方挑剔身上有「腐敗貴族」的

種種缺點；其次是在做生意時，有些人會在談生意前，先當面把蔣介石和蔣經國罵一頓。對此蔣友柏寫道：「剛開始很不習慣，很簡單，因為從小開始，我周圍可聽到的聲音，都是對他們的歌功頌德。突然之間，聽到對他們的批評，還真得是很不習慣，但為了生意，我也就忍了下來。」

島內「立委」，2008年「大選」在即，面對民進黨當局一手操弄的「兩蔣」遷葬、撤衛兵、換牌匾衝突，作為蔣家後人如何回應呢？蔣友柏說他感到無奈，但並未憤懣、謾罵，而是客觀地看待這一切。

對於祖輩的評論，蔣友柏說他在查閱過很多資料後，逐漸得出「兩蔣也有做錯事」的結論，走過了一段「內心掙扎與困擾的歲月」。對於拆「中正紀念堂」和「兩蔣」銅像，蔣友柏起初覺得有點感傷，但仔細想想，他又有了一番新的理論：其一，這些東西放在那裡，就永遠是民進黨拿來攻擊的對象；其二，要樹立銅像要蓋紀念堂，也要等死後一百年再蓋，假如一百年後還有人要替你鑄銅像蓋紀念堂，那就表示你真的是偉大。到目前為止，蔣友柏仍沒有加入國民黨，而且他表示「未來也不會加入」。

四十八、「常橙」公司

蔣介石先生也許永遠無法想像——他的曾孫蔣友柏2009年在上海成立了一家名為「常橙」的設計公司。

十二年前蔣友柏曾陪同病重的父親蔣孝勇回浙江奉化老家祭祖，這是他截至今天唯一一次踏上海峽對岸的土地，儘管他的曾祖父在這片土地上曾經統治了漫長的歲月。

1975年，蔣介石先生去世，第二年他出生。直到蔣友柏十二歲匆忙離台之前，所有的人對他的曾祖父只有一個稱呼——蔣公。

剛去加拿大蒙特利爾讀書時，因為語言不通，蔣友柏無法打入「主流團體」。第二年，班上來了一個大陸同學，兩個人立刻成了朋友。然而沒過多久，他的朋友就跑過來說奉父親指示和你蔣友柏斷交，因為你是「蔣匪」、「蔣賊」的後代。

往事與現實的對比總是讓人唏噓不止。當年的朋友，部屬都可以背叛你，而曾不共戴天的敵人今天也可能把酒言歡。曾經身處最高峰的蔣友柏用了很短的時間就體會到了人世間的無奈……

「2001年我回到臺灣到現在，除了那些一看就知道是屬於那種我無法與他溝通的人之外，我再也沒有聽到過有人稱我曾祖父為『蔣公』；就連那一些當年靠高喊『蔣總統萬歲』『三民主義統一中國』等通關密語而升官占位，後來轉型當媒體政論名嘴的愛國愛黨中堅分子，大部分的時候，我聽到他們稱呼我曾祖父與祖父的名號也只是『老蔣』與『小蔣』。

『經國先生』這個稱呼偶爾出現過,但『蔣公』我是真的沒再聽到過了。但是,自從部落格開張以來,在他們的留言裡卻幾乎都尊稱我曾祖父為『蔣公』,而且還稱他為中國近代史與毛澤東一樣偉大的『偉人』;所以當我二十年後再次聽到『蔣公』這個稱呼,是來自一群當年曾喊他為『蔣匪』『蔣賊』的人的後代嘴裡時,我真的不知道,到底是這個世界瘋了,還是這個世界想讓我發瘋」。

蔣友柏也有讓人發瘋的時候,他直言「兩蔣也有做錯的時候」「連戰輸不起」「陳水扁總統應該被樹立塑像……」

他有很多綠色的朋友,藍營的人甚至會罵他要好好學習「四維八德」,要對得起祖宗。母親因為他批評連戰而請辭國民黨中常委。

在此之前,在並不情願的情況下他踏入了國民黨中央黨部,在他母親的強烈要求下,他以「生意人」身份開講選舉策略。

針對國民黨提出的「他,—— 馬的,就是愛臺灣」文宣。蔣友柏評價是「點子不錯,手法很差」,他有三十幾個可以讓國民黨「品牌」翻轉的策略,「但你們要出錢來買我的創意」。

他還曾與國民黨秘書長林佳龍聊過,可以提供二十種勝選的文宣方案,比「三‧一九」槍擊案還要逼真,且更正面,但一樣要出價才可以。

他坦言,藍營的人看他是綠色的人,綠營因為他的身份,認定他是藍的,但他只是一個生意人,不論哪一黨執政,對他而言都是一樣。

畢竟,除了他是蔣氏後人以外,更重要的身份是一家設計公司的負責人。

他的「橙果」公司的客戶包括了SONY、INTEL、GIANT自行車，F1雷諾賽車、別克汽車……

在外人看來，他擁有顯赫的家世、不錯的身家，從事著最為時尚的工作，而且還有著英俊到令人窒息的外表。

在綜藝節目《康熙來了》裡，小S驚呼：「真是個天殺的大帥哥，可惜已經結婚了」。

在臺灣很少有人像他這樣，既能在新聞版看到，又能在娛樂版出現。

所擁有的一切對他來說是財富，也是包袱。他的二伯蔣孝武說過：「做得好，外界說是應該的，甚至歸於先人餘蔭；做不好，則指責交加，甚至扣上有辱先人的帽子。」

他的父親蔣孝勇是蔣經國先生的三子，也是最受蔣介石和宋美齡寵愛的孫子。也許是看透了政治的爾虞我詐，也許是遵循父親「蔣家人不能再碰政治」的遺言，1988年，蔣經國去世後，蔣孝勇立即攜妻帶子赴加拿大蒙特利爾定居，隨後為了子女的教育，一家人又遷移到美國三藩市。

從雲端驟然墜入人間的感覺不是每個人都有機會體驗到的，但不論是在蒙特利爾還是在三藩市，蔣友柏都能感覺到身份大變後的窘迫……

「在這裡（三藩市）我認識一位來自中國大陸的朋友，他平常很低調，但家裡非常『富有』，零用錢超級多，住的房子超大，而且買房子的錢是用現金一次付清；後來從其他來自中國的朋友那邊知道，他是高幹子弟；有一度，我真的好羨慕他，一樣是『高幹子弟』，怎麼我這個來自臺灣的『高幹子弟』，和那個來自中國的『高幹子弟』差別那麼大。我已經好久沒有去美國了，但最近有一個朋友從洛杉磯來，跟他聊天時，他談到在洛杉磯地區Azcadia，SanMacino這兩個最高級的

住宅區，幾乎有一半的新買主都是來自中國大陸的，而且都是現金交易，一次付清；而我之前在Montceal的觀察與經驗裡有一種認知，大陸出來的中國人都比較窮；後來在三藩市看到的，和現在聽到的，把我原先的先入為主的觀念完全打破，真正口袋裡有大筆現金的，原來都是中國出來的所謂『官商子弟』」。

在紐約大學讀書時，他和弟弟友常會經常去曼哈頓上東街看望曾祖母宋美齡。

在友柏眼裡，曾祖母就是那個始終穿戴得非常整齊、令人尊敬的女性。在她晚年的時候，他們兄弟會用國語、英語、上海話、寧波話來和她交談。宋美齡甚至會指導這位帥氣的曾孫如何來追女孩子。

她還會看蔣友柏硬著頭皮交上來的英文作業，給他改上無數的紅叉叉。

每年到宋美齡生日，一家人都會到紐約去祝壽。那時宋美齡已步入晚年，友柏已長成一米八幾的青年，但見到曾祖母還是一把抱住。在一旁的母親蔣方智怡連忙制止，她怕兒子無意間太用力會傷著宋美齡，畢竟宋已是年近百歲。

但宋美齡卻笑著叫到：「沒關係，抱緊點才好，越緊越好」。

2003年7月，臺北中山醫院大門口擠滿了SNG車，記者們準備連線報導，這一天蔣友柏當父親了，他的女兒蔣得曦出生。

他始終擺脫不了外界對他的關注，就因為他姓「蔣」。

記者對他的採訪約在中午，當指針指向下午兩點時，蔣友柏站起身，「抱歉，各位，我要下班看小孩了」。

1976年出生的他娶了一個曾出演偶像劇的模特老婆，曾經泡妞無數的蔣友柏現在很乖地兩點下班收工回家。

只是，他會早上六點上班，而且晚上等妻兒上床後，他還會打開電腦進行投資銀行業務。

　　他帶女兒去過中正紀念堂（現臺灣民主紀念館），卻笑稱是帶女兒去餵鴿子（廣場有大量鴿子）。他也常買一杯咖啡，到中正紀念堂臺階坐下，「有時坐兩三個小時去想祖先當年的故事」。

　　他說：「我不喜歡人家稱我是『蔣家第四代』，我喜歡當我自己的蔣家『第一代』。為了我自己和我的下一代，我寧願拋棄那『第四代』殘留的政治貴族利益，從零開始去開創屬於我自己的新天地」。

四十九、蔣氏家譜

蔣家5代譜系圖

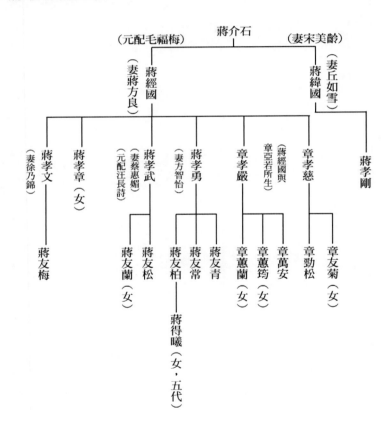

附錄

遺囑質疑

　　當蔣經國死因疑慮未消之際，台島內又出現了蔣經國遺囑是否偽造的傳聞。蔣經國1月13日病逝，然在1月5日便立下遺囑，全文如下：

> 經國受全國國民之付託，相與努力以三民主義統一中國大業，為共同奮鬥之目標。萬一余為天年所限，務望我政府與民眾堅守反共復國決策，並望始終一貫積極推行民主憲政建設，全國軍民，在國父三民主義與先總統遺訓指引之下，務須團結一致，奮鬥到底，加速光復大陸，完成以三民主義統一中國之大業，是所切囑。

> 　　　　中華民國77年元月5日王家驊敬謹記述。
> 　　　　李登輝、俞國華、倪文亞、林洋港、
> 　　　　　　　孔德成、黃尊秋、蔣孝勇。

　　對於蔣經國遺囑，臺灣黨外雜誌《民進週刊》綜合社會言論提出5點疑問：

(1) 蔣經國遺囑在1月14日見報時，出現了《中國時報》與《聯合報》兩個版本。中時版的左下角有「金山牌」字樣，聯合版則無；而中時版的行間線條整齊，聯合版則有扭曲。再者，用的是市面文具店最常見的金山牌十行紙而非「總統府」用紙。蔣經國有自

己的公文信紙，即使不用公文紙，也不必到街上隨便買。此事令人費解。

(2) 從用詞上看，似非遺囑用語。蔣經國本人既未在上面簽名（按臺灣「民法」第1194條規定，遺囑無本人簽名或按指印無效），其夫人蔣方良亦無（蔣介石死時，宋美齡亦有簽名）。且在遺囑上寫「經國先生遺囑」，此亦非遺囑格式。

(3) 遺囑注明是1988年元月5日由王家驊記述，但簽名的「五院院長」，卻未注明是何時簽名的。事實上，他們是在蔣經國去世後當天將近六點鐘才簽名的。這種未在生前簽名的遺囑，在「法律」上有何效力是一個問題。

(4) 如果這是政治遺囑，則內容太簡略，而蔣孝勇不宜簽字，如果是私人遺囑，則「五院院長」似乎不必簽名。

(5) 也許除此之外，還有給家人的遺囑。但據瞭解，蔣經國除了這份遺囑之外，對家事並未作任何交代。

對於《民進週刊》的疑問，《聯合報》一位高層新聞工作者解釋說，《聯合報》所刊蔣經國遺囑沒有「金山牌」字樣，是因為報社覺得三字與遺囑無關，故塗去後始製版刊出。《聯合報》所刊遺囑的線條較直，主要是製版上造成，並無特別原因。

香港《信報》對《民進週刊》的疑問發表評論說：

「該刊的論調雖然聽起來驚人，但實際上並未能及什麼嚴重問題」。「製造『偽造遺囑』這種新聞，以吸引社會注意，顯然其心態仍不脫向權威挑戰的老習慣」。

參考文獻

1、〔美〕江南著：《蔣經國傳》

2、齊鵬飛著：《蔣介石家世》

3、文思主編：《我所知道的蔣經國》

4、徐浩然等著：《蔣經國的生死戀人章亞若》

5、冀定洲編著：《蔣家父子》

6、李松林著：《晚年蔣經國》

7、秦風、萬康編著：夢雨斜陽──《蔣家私房照》

8、《文學故事報》專版：解密檔案、解密史海、解密政治、
　　解密軍事等

熱烈祝賀《解密蔣經國》
在臺北新版精印發行！

　　祝賀單位與個人有 香港世紀風出版社、臺北秀威資訊科技股份有限公司、上海中意交流中心主席胡錦星、原《萌芽》雜誌主編曹陽、聯合國美術家協會理事黃文翔、文壇藝圈知名人士宋連庠、海峽兩岸集郵交流協會會長王珏、上海宋慶齡研究會副秘書長黃亞平、中國作家協會北戴河創作之家主任于輝、湖南省作家協會名譽主席張揚、四川省都江堰市《老年文學》編輯部主編陳道謨、海口南中國作家協會主席孟允安、臺灣《葡萄園》詩刊社社長金築、中國國畫院院長唐天源、世界教科文組織副主席牡丹畫家陳玉蘭、中共上海市楊浦區區委宣傳部部長鄒明、西班牙中華總商會副會長殳林法、湖北赤壁文學院研究員吳克良、上海財經大學人文學院教授委員會副主任顧國柱、復旦大學中文系教授葛乃福、上海社會科學院研究員潘頌德、資深學者桑士俊、電影《悠悠風鈴聲》導演李東、中國詩詞學會副會長楊逸明、九三學社上海市第十三屆委員會副主委張友雋、上海中山學社原常務副社長馬克烈、社會學家鄧偉志、《海上書畫緣》雜誌社長兼總編吳震世、中國藝術收藏品展覽交易中心總經理張迎新、中國書法美術家協會副主席黃秉華、中華民族藝術家協會副會長沈人錦、上海市黃

埔軍校同學會副會長朱純、上海大學教授吳歡章、山東省政協
常委殷允嶺、碧柯詩社顧問莫林、《新民晚報》優秀特約評報
員韋德銳、《城市導報》編審秦史軼、《閘北區報》編輯劉必
龍、《金秋文學》社社長傅家駒、上海人民出版社資深編輯林
青、上海海洋大學黨委副書記吳嘉敏、上海醫療機械專科高等
學校黨委副書記江孝漁、上海話劇藝術中心陳鐵網、上海電影
譯製廠曹雷、上海電影製片廠導演梁山、西班牙總商會樂敏書
畫院院長樂敏、《現代家庭》雜誌主編馬尚龍、《楊樹浦文
藝》雜誌常務副主編管新生、《楊浦時報》常務副主編徐加
宏、上海影評學會秘書長黃一慶、上海電視臺藝術團副團長孫
啟新等九十餘位。因篇幅有限，不能一一列舉請見諒！（排名
不分先後）

陳守雲2011年3月

史地傳記類　PC0158

解密蔣經國

作　　　者/陳守雲
責任編輯/鄭伊庭
圖文排版/王思敏
封面設計/王嵩賀

發　行　人/宋政坤
法律顧問/毛國樑　律師
印製出版/秀威資訊科技股份有限公司
　　　　　114台北市內湖區瑞光路76巷65號1樓
　　　　　電話：+886-2-2796-3638　傳真：+886-2-2796-1377
　　　　　http://www.showwe.com.tw
劃撥帳號/19563868　戶名：秀威資訊科技股份有限公司
　　　　　讀者服務信箱：service@showwe.com.tw
展售門市/國家書店（松江門市）
　　　　　104台北市中山區松江路209號1樓
　　　　　電話：+886-2-2518-0207　傳真：+886-2-2518-0778
網路訂購/秀威網路書店：http://www.bodbooks.com.tw
　　　　　國家網路書店：http://www.govbooks.com.tw
圖書經銷/紅螞蟻圖書有限公司
　　　　　114台北市內湖區舊宗路二段121巷28、32號4樓
　　　　　電話：+886-2-2795-3656　傳真：+886-2-2795-4100

2011年7月BOD一版
定價：320元
版權所有　翻印必究
本書如有缺頁、破損或裝訂錯誤，請寄回更換

國家圖書館出版品預行編目

解密蔣經國 / 陳守雲著. -- 一版. -- 臺北市：
　秀威資訊科技, 2011.07
　　面；　公分. -- (史地傳記類 ; PC0158)
　BOD版
　ISBN 978-986-221-765-8(平裝)

　1. 蔣經國　2. 臺灣傳記

005.33　　　　　　　　　　　　　100009579

讀者回函卡

感謝您購買本書，為提升服務品質，請填妥以下資料，將讀者回函卡直接寄回或傳真本公司，收到您的寶貴意見後，我們會收藏記錄及檢討，謝謝！
如您需要了解本公司最新出版書目、購書優惠或企劃活動，歡迎您上網查詢或下載相關資料：http:// www.showwe.com.tw

您購買的書名：＿＿＿＿＿＿＿＿＿＿＿＿＿＿＿＿＿＿＿＿＿＿＿

出生日期：＿＿＿＿＿年＿＿＿＿＿月＿＿＿＿＿日

學歷：□高中 (含) 以下　　□大專　　□研究所 (含) 以上

職業：□製造業　□金融業　□資訊業　□軍警　□傳播業　□自由業
　　　□服務業　□公務員　□教職　　□學生　□家管　　□其它＿＿＿

購書地點：□網路書店　□實體書店　□書展　□郵購　□贈閱　□其他

您從何得知本書的消息？

　□網路書店　□實體書店　□網路搜尋　□電子報　□書訊　□雜誌
　□傳播媒體　□親友推薦　□網站推薦　□部落格　□其他＿＿＿＿＿

您對本書的評價：（請填代號　1.非常滿意　2.滿意　3.尚可　4.再改進）

　封面設計＿＿　版面編排＿＿　內容＿＿　文／譯筆＿＿　價格＿＿

讀完書後您覺得：

　□很有收穫　□有收穫　□收穫不多　□沒收穫

對我們的建議：＿＿＿＿＿＿＿＿＿＿＿＿＿＿＿＿＿＿＿＿＿＿＿

＿＿＿＿＿＿＿＿＿＿＿＿＿＿＿＿＿＿＿＿＿＿＿＿＿＿＿＿＿＿＿

＿＿＿＿＿＿＿＿＿＿＿＿＿＿＿＿＿＿＿＿＿＿＿＿＿＿＿＿＿＿＿

＿＿＿＿＿＿＿＿＿＿＿＿＿＿＿＿＿＿＿＿＿＿＿＿＿＿＿＿＿＿＿

11466
台北市內湖區瑞光路 76 巷 65 號 1 樓

秀威資訊科技股份有限公司 收

BOD 數位出版事業部

....

（請沿線對折寄回，謝謝！）

姓　　名：＿＿＿＿＿＿＿＿＿　年齡：＿＿＿＿＿　性別：□女　□男

郵遞區號：□□□□□

地　　址：＿＿＿＿＿＿＿＿＿＿＿＿＿＿＿＿＿＿＿＿＿＿

聯絡電話：(日) ＿＿＿＿＿＿＿＿＿＿＿　(夜) ＿＿＿＿＿＿＿＿＿＿

E-mail：＿＿＿＿＿＿＿＿＿＿＿＿＿＿＿＿＿＿＿＿＿＿＿